爆品思维

建立持续打造畅销品的超级体系

马玥◎著

中国友谊出版公司

目录

CONTENTS

第三章 重新定义产品品质

第四章 不是占领市场，而是赢得用户

第五章 爆品赢在产品之外

第六章 不断优化你的体系

前言

PREFACE

大部分企业都在追求爆品，希望通过某一款产品成为行业的领导者，垄断行业，以单品打天下。

无论是创业公司，还是领先的行业冠军公司，都有过这样的体会：爆品意味着绝对利润。以我个人的经历来说，毕业后最初那几年，我很幸运地加入到一家拥有一款超级爆品的文化出版公司，当时我们运作的图书名字叫做《鬼吹灯》，尽管我们并不知道十年后《鬼吹灯》会成为一个“IP之王”，还会被改编出名盛一时的国产经典探险电影，但我们谁都明白，《鬼吹灯》是公司的爆品，出版业的同行甚至偶尔用“独生子”来嘲笑我们只生产《鬼吹灯》一个大卖的产品，但言语之间，是他们错过这部作品的悔恨之情。而对于我们来说，拥有了这部作品，不但让我们在初创期产生了不小的利润，而且还占据了一定的话语权。

几年过去，带着对职业的彷徨与对人生的一点点理想，加上一丝情怀，作为曾经的出版人和媒体人，我加入到创业大军中。

创业第一年，我几乎每天晚上都要畅想一个梦想，这个美梦正是有关于爆品的。我不止一次地与我的搭档说道，要是我们也生产出一个超级大卖的产品就好了。百万销量畅销书，做现象级引爆点，这不但会让我们名声大噪，而且会给我们带来源源不断的利润。由于我们做的是内容产业，致力于优质内容互联，我每天想的是我们能够从茫茫大海中寻找到那个具备爆品潜力的作品，开发出来，成为流行。

如同每一个梦想着一夜大火的明星一样，那段时期，我积极从每个渠道上寻找内容，网络大神、大V公众号、微博、杂志、报纸……我将能够生产内容的所有渠道都拿来阅读，试图去联系合作。看着同行们生产出来的一个个“IP之王”，合作伙伴们生产的销量动辄上百万册的图书，我掩饰不住地羡慕，更坚信“必须生产爆品才能立足”的道理。同时，我们不断学习其他企业做爆品的经验，不管是商业上的案例，还是人性的分析，我们总是试图去学会如何在短时间内打造出一款能够风靡全国的产品来。

然而，一次又一次的失望充斥着我们创业的第一年，在前半年的时间里，我将大量的精力浪费在寻找并生产我们的爆品中去，我希望签到最知名的作者，挖掘到最好的作品，策划出能够引爆流行的图书选题。

直到有一天，我看到了一个故事，是关于台湾演员金士杰的。

尽管我关注他的时候，他已经多在电影中以配角、客串形式出现，但这丝毫不影响他的魅力，一颦一笑、满眼都是戏。

故事是关于金士杰在上世纪80年代创作出的一个爆品。1980年，他创办了台湾第一个实验剧团——兰陵剧坊，当时台湾的戏剧还属于空白阶段，剧团的人大多是穷学生，生活窘迫，表演经验同样是空白。

在这种状况下，金士杰带领剧团尝试着各种现代、先锋的表演形式。一年半以后，剧团迎来一个爆品——《荷珠新配》。

这是一个传统的京剧，表现的是一个陪酒小姐和一个司机的骗中骗的故事。这部剧在台湾引起了很大反响，该剧的一炮走红，让金士杰名利双收。

这是别人梦寐以求的爆品，成名的机会。

但是，金士杰做出了一个常人并不理解的举动，他没有顺势而为，反而退居其后，他说道："成功来得太快，十年寒窗就是十年寒窗，为什么在第三年、第五年的时候就让我天下皆知？"

接着，他去日本给一个默剧演员当助手，没有一句台词，全靠表演。他将人物性格演绎到他的每一寸细胞中去。

金士杰的故事让我们深思许久，对于初创企业的我们而言，过度追求爆品，而忽略自身的打造，会不会误入歧途？

多年的磨练让金士杰本身成为不可媲美的爆品，他在 1986 年成功出演了《暗恋桃花源》里的江滨柳，话剧版和电影版分别获得了"国家文艺奖"和东京国际电影节青年导演银奖以及台湾影评人协会评选的 1992 年度十大华语片第 3 名。

2012 年又成功出演了《最后 14 堂星期二课》，成为国人心目中的一座丰碑式人物。

你会不会觉得？如果在创业第一年，我们恰好寻找到了一本能够称之为爆品的图书作品，这部作品让我们在图书行业掀起了一阵波澜，我们像那些一年卖水煮鱼卖到上亿元的企业一样，靠着这个爆品实现了巨大的盈利，那么然后呢？我们做好突如其来的名利双收的准备吗？假设因为这部作品的走红，后续的产品大规模袭来时，我们的业务构成、我们的体制、我们的人员能够承接这些爆品带来的持续性发酵作用吗？或者是，我们生产出了爆品之后，它能够支撑我们活到最后的厮杀之中吗？

一个创业公司的案例更是提醒了我，这是几个原本在各自领域内做到一定地位的年轻人辞职后的创业故事，他们从事的是新农业，销售的大都是已经具有很强品牌影响力的农产品，一开始，他们代理营销了一款非常火爆的产品，也是这款产品让他们在创业初期轻轻松松地实现了盈利，甚至可以每年只工作两三个月，在销售期内坐享利润。但是，随着创业的深入，他们尝试着第二款爆品，本以为如同第一款产品一样，产品、渠道、品牌等各个环节的要素基本相同，不过结果大相径庭，第二个爆品根本无法复制第一款产品的成功，加上第一款产品的走红缺乏整个体系的建设，让这款产品的销售上出现了诸多误判，导致不小的亏损。

到这时，我们逐渐清晰，爆品固然是每个企业都要追求的，但如何打造爆品并不是每个企业都了解的，在过去改革开放的三十多年中，中国企业从个体户转向流程控制的管理型企业，他们在追求爆品的道路上，其实一直存在意识上的错误。

曾经，我们在西南财经大学的创业课程上，做过调查，进行过企业家的小型沙龙交流，并且在多场私董会活动中专门设置过这样的论题，比如，至今我仍清晰地记得第一次我们抛出关于爆品的探讨时，当时的题目是，我如何打造褚橙之外的爆品？

那时，策划、操盘褚橙营销的西南地区生鲜电商品牌优果仓正在面临爆品难题，从 2012 年开始，他们销售的第一款产品就是爆品褚橙，但褚橙之后，下一步去哪儿，是他们面临的最大问题，他们迫切需要找到一种新的明星产品来寻找新的利润增长点，当时的他们苦恼极了。

很快，爆品话题引起大家的共鸣，在那场内部私董会上，有将近 20 位企业家，他们之中有做多年传统业务的家族企业管理者，也有本地连锁企业老板，还有游戏领域的创业者。每个人都坦承，如何做爆品是大家想追求又很纠结的话题。

由生鲜电商优果仓创始人抛出的课题，引发大家热议，爆品思维是什么？

有人回答，爆品思维就是打造出一款能够让企业实现巨大利润的产品。

有人说，爆品思维就是做流行的产品。

还有人说，爆品思维就是做企业品牌。

甚至说，卖得越多就越是爆品。

……

100 个人，有了 100 种不同的答案，但却有一个共同之处，大家都认为爆品思维是要打造一款产品，就像苹果公司，靠一款手机能够占到智能手机 90% 以上的利润，所以才有了那么多人想去学习别人的爆品打造方法，借鉴别人的经验。

实际上，每个企业都希望打造爆品，每个人也希望自己成为老板、爱人、朋友心中的爆品，但大家并没有意识到，从思维方式来说，爆品思维从来都不是要做出一款产品，当我们试图生产出一种火爆的产品，这种想法从一开始就错了。

爆品到底是什么？我们的结论是，爆品是一个体系，是一种思维方式，而爆品的核心是人。

就如同《定位》一书将长存多年的刻板印象“胜负见于市场”更改为“胜负在于潜在顾客的心智”一样，本书中所描述的爆品不是一款产品，而是一套能够产生大量爆品的体系和方法，这就是爆品思维。

人们需要爆品思维

想清楚这个问题，我们突然茅塞顿开，之前一直追求的爆品从一开始就错了，而且不单是我们，在我们时常参与交流的创业者小伙伴们之中，大家都盲目地去追求火爆的产品。有一家初创企业做的是孵化器业务，他们从最开始的提供交流、资讯服务逐渐转变为创业孵化器，当时国内还没有流行孵化器这个概念，只有李开复的创新工场，和一些零零散散的像天使湾这样的孵化器企业。

像我最开始期待做出一本超级畅销书一样，他们时常期望能投资到一家能够大红大紫的创业企业。但是，他们从来没有想过，像这样的爆品出现后，自己是否有一套体系能够支撑起来，也一直没有意识到，他们需要的不是一款爆品，而是一套能够产生大量爆品的体系。

当优果仓发现第二款产品无法成为爆品之后，开始意识到，他们需要的不是这种爆品，而是需要一套能够打造出爆品的体系来。于是，他们在线下开始铺设门店，完善自己的管理体系，从对第一款爆品的依赖逐渐剥离出来，经历了第二年的惨痛教训之后，在第三年，他们的体系成功孵化出了一个新的爆品，虽然知名度不高，但是足以支撑他们的利润增长。

所以，我们需要的是爆品思维，是用一套思维方式去重新定位你的产品、认识你的经营模式、完善你的体系。

学习史玉柱做一款叫“脑黑金”的产品是不行的，模仿乔布斯生产出叫做“大苹果”的手机也是无用的，创业者应该学习的是史玉柱打造脑白金的规律、开发运作征途游戏的法则，苹果手机背后的乔布斯精神，以及马云打造阿里巴巴的思维模式。

而这个核心在于思维方式和经营理念的不同，褚时健先生一生打造了红塔山、褚橙两个最知名的品牌，两个产品都在各自领域做到第一，褚老在做红塔山时，开创了“三合一”体制、将车间开到烟田、三级检查站质量管理等模式，在产品品质、管理上，褚老都有一套爆品的思维，他掌握了这种思维和法则，乃至到75岁种橙时，才能够再次培育出褚橙这个超级爆品出来，要知道褚老在种橙时，解决了两个农产品领域的难题——农产品的一致性难题和农民管理难题。

褚时健为什么能够屡次打造出爆品，老干妈为什么能够在坚持不融资、不上市等理念下一直独领风骚，都与之有关。

老干妈的成功，在于创始人陶华碧的绝技加诚信，这几个字诠释了货真价实，据说老干妈辣椒酱的豆豉可以一粒一粒挑着吃，从来没有发现过坏的，这让同行业者难以企及。褚时健在管理农民种植橙子时，发明创造了一百多条管理制度，从一棵小小的树苗到结果，有着这些苛刻的管理制度，才能够打破上千年的传统农业种植经验，实现标准化管理，这也是人的作用。乔布斯的iPod、iPhone等产品也不是第一个这样做的，但是乔布斯的偏执狂特性铸就了产品能够给人带来愉悦的快感，马云也不是第一个发现互联网机遇的，但他能够独创阿里巴巴的管理模式，像教父一样在创业者心中在前方引领。

本书如何展开

本书将跟大家探讨如何拥有爆品思维，拥有这种思维方式之后，你会发现自己掌握了一整套的爆品方法，但要改变固有的思维方式并不容易，我们必须反复强调，你所理解的、所看到的爆品并不是可以模仿的对象，大量的案例表明，模仿和跟随从来不会赢得市场。因此，如果你认为，本书是教你去如何打造一款爆品，那就错了。

再次重申，我们不能够启发大家如何去造汽车，也无法告诉你，要生产一款火爆大街小巷的手机应该怎么做，相反，我们希望的是，通过本书，你能够掌握一套思维办法，这套办法适用于一切产品，无论是生产型企业还是流通型，抑或是服务型。有了这种思维方式，你就掌握了真正的爆品需要的经营理念。

本书的逻辑从纠正你的思维方式开始，我们将用两个篇章来告诉你，爆品思维下，打造爆品是一个体系性的过程，在这个体系中，包括：

对产品的再认识

爆品不是普通的产品，而是颠覆了所有原有同类产品的认知的产品。如果你认识到这一点，就不会试图再生产出一条李维斯牛仔裤，另一款褚橙，另一个可比可咖啡糖。当你在试图进入市场的时候，你要首先看看这个市场的领先者，找出他们的弱点，开辟另一个细分领域出来，你要做的不是跟随，而是找到蓝海，并打败所有其他的品牌。

对用户的再认识

爆品与普通产品最大的区别是辐射范围广，简单来说，爆品具备能够引发大面积消费群体使用的潜在素质，除了重新定义产品之外，你需要赢得用户。如果认清了这一点，市场占有率变得不重要，销量更是无足轻重，你真正要做的是潜入他们的内心，打动他们，你将产品注入大量的情感因素，让你的消费者每一天都感动得痛哭流涕。

对经营的再认识

产品是有生命力的，它必须经受时代和趋势的考验，“没有成功的企业，只有时代的企业”，是海尔创始人张瑞敏对于企业经营的理解。美国有很多企业经历过第二次世界大战、互联网的冲击，其产品在今天依然堪称爆品。本书中，我们会通过一系列经典品牌的故事，告诉你，从产品销售上升华，或许会让产品更具生命力，比如乐高，如果你质疑乐高公司生产出的一些带有凸出和凹进去的塑料方块能有什么生命力的话，那么，你一定没有理解乐高的核心：乐高卖的不是这些塑料方块，而是整个游戏系统。简单来说，购买乐高玩具，意味着无限多的组合可能。

对流程的再认识

这对于打造爆品至关重要，我们提出的爆品思维，并非告诉你如何在短暂的时间内打造出一款家喻户晓的产品，反之，我们想去产品化，我们不厌其烦地想让你保持清醒，提升产品运营的能力，形成良性运转，控制好你的成本，这比什么都重要。

| 第一章 |

当你在谈论爆品时，你在想什么

你发现没有？在过去很长一段时期内，人们只会记住产品的品牌名称，而对产品背后的生产企业置若罔闻，这让企业在研究经营法则时，不可避免地要追寻一种目标：生产出一款或者几款家喻户晓的产品，也就是爆品。

生产制造企业这样认为，他们也凭借自己的技术实力和制造能力，一直在精益求精。流通企业也是一样，他们利用大数据时代下，产业链后移的优势，借助与用户之间的零距离，抓住用户的偏好，以保证产品在市场上总是受到欢迎，从而形成爆品。

尽管时代变化了，技术进步了，但用户对产品的认知仍然大于对企业的认知，这个“癖好”让时代无论如何发展，都阻挡不了企业对爆品的追寻。

爆品的重要性无须多说，不管是初创型企业还是成熟型企业，都明白爆品带来的巨大经济回报和品牌效应，如今，企业家们想学会的是，如何模仿那些成功者打造属于自己的爆品，又如何在自己的企业内复制出第二个爆品、第三个爆品……第 N 个爆品。

但是，现实可不是这么美好。

美国 DEC 公司（美国数字设备公司）早在 1958 年就生产出了第一批产品——数字实验室和数字系统组件，DEC 曾经在很长一段时间内试图超过 IBM，但结果呢？DEC 错过了台式计算机的机会，1998 年 1 月，被康柏以 96 亿美元的价格收购，3 年后，惠普康柏合并。

2008 年非典、2009 年禽流感，让一批口罩、防毒面具、洗手液企业大发横财，但是如今，你还能说得上几个品牌？尽管当时的美国，洗手液第一品牌普瑞来销量飙升 50%，清洁产品企业高乐氏的消毒湿巾销量大涨，但灾难过去，它们还是爆品吗？

牛仔大王李维斯相信，只要不服输，失败就不会是定局。从 1985 年开始，矿工们发愁买不到一条牢固、耐得住他们工作性质的裤子，年轻的李维斯用帆布做成裤子，解救了许多旷工的膝盖，避免磨伤，Levi's 就此诞生。

Levi's 牛仔裤成为爆品，但当它开发了手表、眼镜呢？

更有趣的是，就连 IBM 这种一直遥遥领先的企业，也难免俗。当惠普推出激光打印机之后，IBM 同样推出 IBM 激光打印机，当施乐推出普通纸复印机时，IBM 也推出了同样的复印机，在这些方面，其收获相当惨淡。

IBM 是不折不扣的爆品企业，但它无法复制爆品现象，在打印机市场败给惠普，复印机市场败给施乐。爆品现象都没有再发生。

为什么呢？现在就开始一一揭开真相。

再次强调，虽然这里谈论的是爆品的话题，不过，与你的设想不同，我们没有一套现成的方法教你去打造一款爆品，因为我们认为那是极其荒谬和错误的想法，我们要做的是让你从过去错误的思想中解脱出来，重塑企业对爆品的认知，打造你的爆品思维，完善你的体系，以适应不断发展的变化。

99% 的人都会答错的题目

2014 年，西南财经大学的创业企业家课程上，有一位创业者在互动交流时提出了一个内心的愿景，他说：我真的希望我们的产品能够像小米手机一样引爆。

他的话引起了当场几十位创业者的共鸣，大家七嘴八舌地议论起来，谈的都是爆品，如同前文所述，他们对爆品的理解基本上集中于产品上，还有些创业者认为，公司本身也是爆品，他们想成为下一个苹果、下一个阿里巴巴。

于是，笔者意识到，爆品这一概念完全值得在研究院里探讨，随后，笔者与研究院的研究员们在一些讲座和交流中逐渐抛出这个话题，一开始，我们设立了一份调查问卷，向创业企业家们征询答案。

问卷的第一题是：你想不想打造爆品？

答案无一例外的是：想，非常想，迫切地想。

接着，我们问道：你所理解的爆品是什么？

绝大多数人都回答了“是产品”，也有极少一部分创业者认为，企业本身也是爆品，他们之所以这样回答，是因为他们本身是服务型的企业，有的是传统的酒店连锁企业，有的是互联网创新领域的 O2O 服务，他们希望自己的品牌成为爆品。

第三个问题：你们认为，如何才能打造爆品？

在这个开放型的问题下面，有 100 多家创业者和小企业主填写了自己的答案：追求极致的产品品质，重视营销作用，强化个人品牌，贴近用户、让用户参与生产，注重服务，注重品牌效应……

从这些不同行业、不同领域、不同发展阶段的企业身上，我们看到了大家对爆品的痴迷，同时也有对爆品根深蒂固的理解，但我们并没有急于推出我们的结论，而是顺着这个思路去考量现在不断涌现的创新企业。

类似的故事每一天都在上演：几个小伙伴发现了某一缝隙市场的机会，他们开始招募人马，搭建团队，注册公司。首先，他们有了一个愿景，那就是成为这个细分市场的第一，他们推出的产品能迅速抢占市场份额，最好是家喻户晓。他们拟定了具体的实施计划，半年内，研发出他们的产品，迅速推向市场，一年内，让他们的目标客户都知道他们的产品，两年内，占据细分市场的大部分份额，用这些好看的数据吸引风投频频抛来橄榄枝，三年内，做到行业第一。

然后，他们自认为掌握了精益创业的精髓，快速迭代，生产他们希望成为爆品的产品，也就是，梦想有一天，让所有人用上他们的东西。

对这一幕你并不陌生，因为此刻的你，或许也正在设想着你的企业如何能够在最短时间内推出一款可以让你迅速打开市场的产品。你心里正琢磨着，如何成为细分市场的“淘宝”“QQ”“百度”，你也正在打算着把乔布斯传记、马云的创业真经、张小龙的产品论拿来好好研究一番。

这样错了吗？说起来，2014 年拿到 A 轮投资的 800 多家创业企业也都是这样做的，为什么他们又都快倒闭了呢？

因为，这些创业公司没有真正理解爆品的精髓，爆品不是一个产品，而是一个体系，是一个不断完善自我的过程。爆品不是打造出一款产品就可以了，而是要一遍又一遍地修正你的经营体系，在这个体系中，产品只是其中一个重要部分，除此之外，还包括用户、服务、包装、供应链等种种环节，拥有了这样的体系或者掌握了这样的思维方法，会让你在任何一个领域内都能够生产出爆品来。

体系的巨大作用

中国百年企业并不多，同仁堂是一个，同仁堂如今在中国人心目中依然是一个传统老字号药店，“炮制虽繁必不敢省人工，品味虽贵必不敢减物力”的堂训影响至深。

同仁堂于 1669 年康熙年间由乐显扬创办，1702 年其子乐凤鸣将药铺迁至前门大栅栏路南，此后他完成了《乐氏世代祖传丸散膏丹下料配方》一书，提出“炮制虽繁必不敢省人工，品味虽贵不敢减物力”的训条，成为历代同仁堂人的制药原则。

“同仁”，意味着“济世养生”“诚实无欺”和“货真价实”。提起同仁，就会想起同仁堂的制药古训，这是在产品品质上的专注。

在管理上，同仁堂宣称是“靠同仁堂人的天职，靠同仁堂人的责任感”。一位同仁堂的老职工回忆说，同仁堂炒炙药材，规定操作人员必须时刻守候在锅边，细心观察火候，不时翻动药料……有一次他装料入锅后暂时离开了一会儿，被老师傅发现，老师傅大发雷霆：“像你这么干，非砸了同仁堂的牌子不可。”从此以后的几十年里，这位老员工再也不敢有丝毫的马虎。在生产药品和保证质量之间的各个环节上，由传统而生的同仁堂天职像一双巨大的无形之手，约束着员工们凭天良干活，认真、一丝不苟。

在中医、中药领域，同仁堂就是爆品，而这种爆品并不是某几款产品，而是同仁堂在产品质量、管理方法、品牌影响力的一套体系。

再来聊一个具体的案例——锤子手机。罗永浩在2012年创办锤子科技有限公司，愿景是做智能手机时代的工匠，在随后的两年中，锤子科技获得了十数亿元的风险投资，在2013年，罗永浩举办了Smartisan OS的发布会，此后的一年多时间里，锤粉们开始了翘首以盼产品的日子。

像期待偶像出新专辑一样，大批的粉丝开始等待。由于在创办锤子科技之前，罗永浩本人就是一个超级爆品，他给青年一代灌输了一种叫做“情怀”的价值观，影响了大批有理想的文艺青年，所以，他在产品研发出来之前，已经有潜在的一大批用户，锤子手机不需要进行前期艰难的引流过程，只需要出产品就可以了。

如果不出意外，锤子手机一出，便会成为超级爆品，能够与当时风靡的苹果手机相抗衡，也会跻身于国产手机一线。

然而，发布会一推再推，焦灼、谩骂袭来，爆品没有产生，直到 2014 年 5 月 20 日，第一代手机产品 Smartisan T1 才正式发布，但与预想的结果大相径庭，罗永浩倡导的工匠精神一度被怀疑，产品品质和售后等各方面都遭受了诟病，总体来看，用户对锤子手机的审美评价较高，但是基本的硬件部分却评价不高。

而后，罗永浩不止一次在活动演讲中解释，T1 产品之所以会不尽完美，都是供应链的问题。比如，为什么锤子手机量产难，连配件都无法达到量产目标？在某种程度上，是因为锤子手机的配件设计有不易加工的地方。再比如，一般按照传统生产流程，在量产发现问题时一般是不会影响市场供应的，但锤子手机为了缩短某些流程直接量产，又增加了新的问题。况且，锤子科技当时并没有专业的供应链团队。

通过以上案例，我们看到，在这种情况下，罗永浩很难第一次就生产出爆品来，而且即便是 T1 手机产品迅速火爆起来，锤子科技也无法顺利生产第二款手机或者面对后续的突如其来的难题。

所以说，如果初创企业按照这样的思路去生产爆品，也会遭遇类似的难题。

原因是什么？

创业的第一个阶段性目标并不是以销量为指标的产品，而是搭建并不断优化你的体系，打造爆品是一个过程，而不是仅仅打造一款产品。

对于生产型企业来说，你需要爆品、需要迅速推出产品没有错，值得鼓励，但是你需要把精力放在产品背后的体系中去：如何解决你的供应链难题，又如何在供应链中节省成本，产品出来以后，你要怎么样才能打造一个稳固的营销网络，以保证爆品不会在后续的发展中逐年萎缩，甚至包括，你要有什么样的措施应对市场突如其来的变化。

流通型企业、服务型企业等其他类型的企业也是一样，产品也好，企业也好，声名大噪并不一定是好事情，它会暴露你脆弱的现金流、疲软的内生力、落后的管理体制。

而当一切都成功了的时候，你会发现，当你努力吆喝卖产品时，梦想和情怀早已植入其中，当然，这是我们后面要探讨的事情。

创业者到了该醒悟的时候了，与其把全部精力放在如何打造爆品上，不如反复地对自己进行强化性的训练，爆品是一个体系、是一个过程、是一种思维方式。

过度追求爆品的社会

一经面世就引爆、单品打天下……你一定很熟悉时下这些经营法则，那些成功者也不止一次地向你介绍一些速成的办法，他们甚至洗脑式地告诉你，爆品就等于绝对利润。

让我们来举一个具体的案例——小米的爆品模式。

小米在成功制造了小米手机这个爆品之后，一直在搭建它的生态，

2014年之后，雷军开始重点关注小米生态链的建设，他用资本的力量来帮助小米建立了一个完善的软件、硬件、服务和内容的生态链。雷军说过，围绕小米的生态链投资，只要小米手机做起来了，生态链就能做成，生态链做成了之后，生态链的各个产品也就能做起来。当时，雷军已经投了66家公司，主要集中在智能硬件、软件、互联网服务、内容这四个方面。

而后，小米不断推出各个细分领域的爆品：小米盒子、小米电视、小米路由器、移动电源、小米手环……在小米的生态圈内，单品、海量、爆品是共同的产品逻辑，生态链上的企业快速推出产品，抢占细分市场。

小米生态链中有一款空气净化器，是一家叫做智米科技的公司生产的，从研发到量产，再到上市，只有9个月的时间，据媒体报道，智米团队一路狂奔，一边组建团队，一边构建供应链，一边设计产品，多条线同时推进。

正如预期，小米空气净化器在小米的背书下以低价战略迅速抢占了市场，2014年12月，小米空气净化器在APEC蓝之后推出，总销量一度冲到百万量级，占据了净化器市场20%的市场份额，从销量和市场份额的考量因素下，小米空气净化器是一款爆品。

而且，不只是这款产品，小米要求生态链上的所有产品都要成为爆品，其旗下企业均专注于单个产品线，以低价策略力求在短时间内迅速冲到细分行业的第一。

后来，创业公司都疯狂地复制小米的爆品模式，大批的创业公司都是按照这种逻辑进行市场试验。

通过市场调研，找到用户痛点，这就是创业公司所谓的痛点思维，快速生产产品，推向目标客户，然后就是媒体的大规模报道，某某公司获得知名投资机构领投、某某产品“双 11”期间销售额过千万元。

这让我们想起一家做互联网平台的企业，跟其他互联网创业公司一样，这家企业迫切希望能够在该行业的细分领域做到第一，他们找来各领域内资深的原始员工，他们有最好的产品经理、最好的系统开发团队、最好的人脉资源，并把线下业务搬到线上。

他们每周固定开一次产品需求对接会，优化他们的产品，公司创始人不断去参加各种会议论坛，做交流分析，打造个人品牌，他写了大量的行业文章，在知乎的专栏上拥有大批粉丝，他把时间和精力全部放在传统企业的最后一招——品牌推广，以及引流上。

然而，如同零散的珠子，没有一根线穿插其中，珠子看起来仍散落一摊，成不了项链。面对大量的业务，售后部门跟不上，服务跟不上，导致他们的投诉颇多。

终于，创始人开始把目光集中到公司内部的运营上，有一次他们开会开到深夜，讨论目前公司出现的种种问题，那时离公司成立已有半年的时间，他说道：

“同志们，你们意识到目前公司出现的问题了吗？”

各部门负责人面面相觑，他们已经习惯了单兵作战，快速出击。

接着，他在题板上写下了各业务部门及职责：公司 BD（商务拓展）

负责开拓项目、维系客户关系，产品经理负责APP、Web等产品，系统开发团队负责iOS、安卓的系统开发，新媒体部门负责推广，行政部门负责公司后勤。

尽管BD在业务洽谈和资源方面发挥了最大的作用，他与创始人一起，将细分领域内足够多的项目拉到公司，产品经理与系统开发人员也一起做出了相当不错的页面和产品，行政后勤部门工作尽心尽力，但是，为什么公司还会出现客户信任度降低、投诉率增加、业务多、签单少的状况呢?

“问题在于运营。”这位公司创始人说道。

随后，他解释称:“正常的业务流程应该是BD发现优质项目，洽谈对接，转到公司平台，运营人员根据项目类型，划分到各个负责人进行跟进，期间，售前及售后服务部门需要随时解答客户的问题，介绍公司业务流程，运营人员需要对整个流程进行把控，需要上传平台的，交给编辑处理，需要重点推广的项目，交给营销人员……”

这与传统的制造业企业、零售企业道理相同，互联网企业运营人员的作用与制造业企业的供应链管理、流程管控相同，没有体系的完善，爆品只能是昙花一现。

有一家企业做的是新一代水果体验店，当他们在线下只有一家门店时，公司创始人就坚持用标准连锁店的收银系统、产品管理系统，那时，他们每天花了大量的时间去学习系统的应用，技术人员每天都来讲解，创始人心里非常明确，即使你只有一家门店，你的体系也需要优化到可以覆盖20

家门店的标准，正是这种思路，他们能够应对各种复杂的意外状况，他们在对降价商品、特价商品、促销商品、各种礼品活动等极其繁琐的流程上应对自如，而后当他们开了三家门店的时候，这些问题就迎刃而解了。

但是，当下创业环境中，很多初创企业根本不重视体系的作用。在这个过度追求爆品的环境下，你可能很容易被一些超级爆品带到死胡同，新闻媒体的报道也多是追求数据为导向。

“唯产品论”后遗症

小米空气净化器团队能在9个月内把产品做出来，而且还成为了一个超级爆品，这是所有创业者都梦寐以求的结果，但是，离开了小米生态，这家企业的生存能力有多强?

小米给生态链上的企业解决了硬件开发者的两大难题——产品出口和信息出口，利用小米的渠道通道，小米的所有粉丝都是生态链上所有产品共同的粉丝，小米也有足够的实力完善供应链。但是负面因素同样重要，任何一家企业的试错，都会损害到产品的品牌，在整个生态链中，企业的自我完善能力是无法得到锻炼的，这给企业带来的是极低的抗风险能力和并不健全的运营体系。

我们再来看看其他互联网公司的爆品思维，科技界才女梁宁曾说，你知道腾讯的爆品是怎么打造出来的吗?

答案是花钱如流水。砸出来！

雷军也曾采取同样的做法，业内流传着一个故事：雷军最大的一次浪费，是把第一代红米，一共 40 万台没有达到标准的机子全部扔掉，这次巨额的“浪费”使得红米一出来就引爆。而后，小米在生态链投资中，全部复制这种爆品模式。

除了“砸钱”之外，如果你把爆品当做一款产品去追求的话，你必须在两大板块做文章，第一就是价格。

要在短时间内让产品火爆，而不依靠扎实的供应链体系和稳定的渠道，你需要用低价打开同行们耕耘多年的市场，或者用低价吸引消费者到你开拓的细分市场上来。

互联网颠覆了大部分传统产业，但同时也破坏了商业的传统模式。我们来看看一家传统外贸公司的业务流程，如果他们在海外引进一个新的产品品种，承担着较大的教育用户、市场推广的成本，但他们利用扎实的经销商体系进行新产品的孵化，简单来说，新产品推出前两年，经销商们无私地孵化新产品，向他的客户们普及、教育，他们之所以这样干，是因为这家外贸企业在过去十多年内与他们形成了稳定的合作关系，他们推出新产品的风险由企业与渠道网络共同承担，不过，新产品一旦孵化成功以后，他们也会维护与渠道的关系，不会破坏这个生态。

这是传统企业中体系的作用。但在互联网、电商环境下，初创企业要实现产品短时间的火爆，他们需要以低价策略打进市场，就必须在价值链上压缩成本，这就是近两年来创业企业频频声称的减掉中间商、让利消费者。

中间商不等同于渠道，有些初创企业做到低价，并没有减掉中间商，而是在运营成本、供应链等板块砍掉成本，这里请你们注意的，是砍掉成本，而不是控制成本，然而，有些环节的成本是无法减掉的，这就只能牺牲产品的品质。

创业公司追求爆品，就必须在短时间内制造引爆点，免费、低价策略是抢占市场的最快途径，但低价策略带来了什么后果？从电商行业的现实来看，低价抢占市场造成企业不重视研发、假货泛滥，最终导致了“劣币驱逐良币”。从更大范畴的互联网企业来看，《大合并漩涡》一书中，详细评述了互联网领域的大合并现象，以免费抢占市场，以补贴背后的资本大战破坏商业规则，这些都是过度追求爆品的结果。

第二，初创企业追求爆品的第二个途径是粉丝，粉丝意味着流量，流量意味着生意。传统企业很难在短时间内打造爆品，因为现有线下渠道流量在缩减，而且发展线下必须靠高额的推广成本获取流量，所以流量这座大山难以突破。

而初创企业，特别是互联网企业最擅长的就是社群和营销。在小米手机之前，从来没有手机企业对定位研究得这么透彻，干果品牌三只松鼠诞生之前，也从来没有零售企业在用户交互上做得如此出色。从三只松鼠的数据来看，2012年“三只松鼠”创立，仅仅用了半年时间，其“双11”单日销售额突破800万元；2013年1月，单月业绩突破2000万元，跃居坚果行业全网第一。2014 年“双 11”，创下 1.02 亿元的销售额。媒体评论，“生猛的三只松鼠，成长秘密就是爆品战略。”

你也许知道，三只松鼠的爆品策略集中在三点：一是最早以碧根果切入，引爆市场；二是参与式营销，打造松鼠形象与用户平等对话；三是借势“双 11”。但你不知道的是，三只松鼠的爆品策略背后是庞大的资金支持，成立之初，有 IDG 资本的 150 万美元 A 轮融资，今日资本和 IDG 的 600 万美元 B 轮融资，二者对三只松鼠的 C 轮融资高达 1.2 亿元，2015 年 9 月 16 日，三只松鼠宣布获得总金额达 3 亿元人民币的第四轮融资，投资方为峰瑞基金。

靠着大笔融资，三只松鼠有着足够的资金在借势“双 11”、推广营销等方面引流，引流带来粉丝，粉丝成就了爆品。

商业行为的本质始终不变，商业行为的规律也始终不变，但在过度追求爆品的商业环境下，很多初创企业摒弃了很多传统商业的做法，虽然互联网天生就是反传统的，但它改变不了本质上的东西。

因此，当你创办了一家企业，正在做细分领域的事情，每天接触的大量信息，都是关于如何打造火爆的产品的，而且这种打造爆品的办法往往是追求短期的轰动，而非真正的爆品品质，每天你看到的都是过去传统企业做了十年都达不到的销售数据，因此，你开始动心了，但你并不知道，他们的爆品背后有着不为人知的资金、供应链支持，如果你也像他们一样，却没有这些背后的支持，那么，你可能会吞下恶果，走向深渊。

爆品的另一种误区

你的第一款产品火了之后，下一步你会怎么做?

恐怕绝大多数人都想做一件事，那就是复制爆品。

事实上，大部分企业家都是这样做的。

三只松鼠的碧根果成为爆品之后，主营肉脯类休闲食品的松鼠小贱和茶饮品牌松鼠小美推出，松鼠小贱产品上线21天后在2014年“双11”大促中，单日销量达到205万元，创零食类目第七的业绩，松鼠小美上线仅3天，热销产品小美红茶销量便超过1吨。

不过，2015年8月，两大子品牌已经关闭。公司回应称，将专注零食业务。

就连褚时健先生也曾经在多品牌打造爆品上有过教训，当时除了红塔山、红梅等产品，玉溪卷烟厂的香烟品牌高达几十种。

特劳特将这种在一个企业中期待复制另一种爆品的现象称为“品牌延伸”，他在定位中这样解释：

如果写一部过去十年的营销史，其中最为重要的趋势非品牌延伸莫属。所谓品牌延伸，就是把一个知名产品的品牌用在一个新产品上（这就是“搭便车”陷阱的终极版本）。有了Dial牌肥皂，随后就有Dial牌除味剂。有了 LifeSavers 糖果，接着又出来 LifeSavers 口香糖。

舒洁牌卫生纸之后便是舒洁牌纸巾。

近年来较为愚蠢的品牌延伸案例之一是米勒清爽啤酒。

就像当年谢尔曼将军横扫佐治亚州那样，品牌延伸横扫了整个广告和营销行业，而且理由恰当。

逻辑都在品牌延伸这一边：经济学理论支持它，行业认可它，消费者也接受它，它能降低广告成本、增加收入，并有利于公司形象。正如我们说过的那样，逻辑都在品牌延伸那一边。但不幸的是，真理却不是。

IBM 解决方案和硬件做得都很好，那么打印机和复印机一定错不了，李维斯牛仔裤是全世界最耐磨的牛仔裤，它的钟表质量肯定让人信得过，Dial 曾经是美国市场的一种知名香皂，它的除味剂产品也会了不起。品牌延伸逻辑合理，复制爆品也是一样，看似道理都一样。

但是，事实却残酷得很。

小米手机在过去四年中像坐了火箭一样增长，但小米生态中的其他产品没有复制爆品态势。除了小米手机具有可观的销量外，小米路由器、小米电视等产品的销量都不足挂齿，2013 年中国互联网电视销量为 2600 万台，小米电视只占 10 万台，2014 年小米电视的销量也只有 30 万台。而且由于需求并不如手机这样庞大，小米电视、小米路由器都已经开放购买，无需预约和抢购。

一个爆品品牌延续都很困难，更何况其他跟风的企业。

柳桃的惨败给农产品品牌敲响警钟，并不是有一个好故事、强大的背书、丰厚的资本就能套取中产阶级的腰包，就连褚时健本身用同样的管理方式和品质打造出来的苹果、柑类产品，一样做不到爆品现象，

因此，你对爆品的另一个误区，就是存在一些想当然的成分，你认为，文艺青年的眼泪好赚，你会打造出一批走心的产品，但你并不真正清楚他们的需求以及期待，爆品如锥子般强化了消费者的品牌印象，这是一把双刃剑，他们在削减了信息，只留下一种概念之后，复制爆品，但让消费者接受另一种信息是极其困难的。

想想看吧，即便是拥有超级爆品的企业在复制爆品问题上仍然存在难题，更何况丝毫没有名气的初创企业，如何跟风复制出爆品？在你挖空心思想在销量上搭便车、站在风口上的时候，我们想告诉你，抛开那些没用的做法，真正花些心思学会爆品思维，从产品，到服务，一步一步搭建这套爆品体系。

重塑对爆品的理解

总有一些事实让你对爆品这一概念恍然大悟，尤其是对于初创公司来说，为什么你自认为的数据考核体系完全不适应节奏的变化？为什么你像模像样地营销着你的产品，却始终不具备引爆的基础？为什么别的企业家

在任何一个领域都能获得成功？

症结就在于从开办公司那一天，你就出现了思维上的误区，即便你是卖产品的公司，但你也不只是在卖产品，你在消费者面前应该是一家服务企业；即便你不是传统硬件企业，但你也需要关注你的供应链问题；即便你的终极目标是打造爆品，但你也应该意识到，产品是有时效性的，没有体系的支撑，你无法延续你的“爆品现象”。

商业中昙花一现的案例数不胜数，百年企业也可以轻易被颠覆，如果一开始就追求那些能够引爆流行的产品，那么说明，你的企业八成是漏洞百出，也许你很幸运，做了风口上的那头猪，但你脆弱的公司结构一定会让你失去在风降速时飞翔的本领。

我们所讲的体系，包括企业内部和外部。企业内部体系包括你的运营体系、财务体系、人力资源体系等等。内部体系不只是运营一个环节，初创公司往往不重视管理和规章制度的建立，对财务、法律等问题也是处于空白状态，他们从来不知道，财务不仅仅是记账、会计的职能，而是能够给企业创造利润的板块，法律也不仅仅是审查合同那么简单，对版权、知识产权的理解同样能够带来超预期的利润回报。

当然，初创公司没有足够的资金和人员支撑，无法在短时间内构建一个完善的体系出来，但对于创始人来说，还是必须重视这些环节的作用，为将来的爆品做铺垫。

外部体系包括价值链上的合作伙伴，如生产商、渠道商等等。以褚橙为例，2012 年以来，褚橙无疑是国产水果中最大的爆品。但是 2015 年，经历了三年的爆品时期，褚橙在用户体验、渠道商反馈等方面均出现了一些争议，消费者对褚橙的预售、售后服务等环节表露过不满，除此之外，褚橙这个爆品在建立经销商网络方面还有很长一段路要走。

所以，你会发现，即便是像褚橙这样，由褚时健先生作为强大信用背书的产品都很难长期维持住爆品的态势，也很难再打造出一个与褚橙类似的产品来，这说明，对于企业来说，当务之急不是追求爆品，而是打造能够支撑爆品的体系。

换言之，你应该颠覆过去对爆品的认识，从爆品思维开始。

因此，在过度追求爆品的社会，你要做的就是稳扎稳打地构建你的体系，包括重新定义你的产品，正视你的用户，为你的产品倾注大量的情感和梦想，最后你会明白，爆品并不是一种产品，而是一种思维方式，这就是对爆品的再度认识。

希望你面对以后出现的一些爆品时能不为之所动，对流行不盲目追捧，不管你有几家公司，公司有多少人，也不管你的企业打算在哪一个新的领域尝试开拓，你心里都应该清楚，眼下要做的是做真正的爆品企业。

| 第二章 |

真正的爆品与火爆无关

商业社会存在很多有意思的现象，如一位网络评论员大V在各类创业网站发表了大量的文章，吸引粉丝无数，他的文章质量较高、干货很多，每次发出一个观点都被人们疯狂转发，这位大V同时也是一位创业者，但他经常自嘲道：“可悲的是人人都读我的文章，却没有人用我的产品。”

还有一种生活中的现象也很有意思，即流行的产品不一定是人们常用的产品，小米路由器诞生之时，有些用户发出相见恨晚的呼声，我认识一位小米的粉丝，小米每出一款产品，就能听到他对小米的崇拜。不过，让人惊讶的是，他除了手机之外，并没有购入其他小米产品。可见我们口中大火的产品不一定是我们要买的产品。就拿路由器来说，在小米出路由器之前，我们从未关注过路由器这个东西，自从小米路由器以后，我们发现，大多数家庭使用的路由器是一个叫做TP-LINK的品牌，而后才知道了TP-LINK路由器在民用路由器行业的地位。

其实，这一点都不奇怪，比如，每个人都知道可口可乐与百事可乐在快消品行业的垄断地位，但是，像都乐果汁这样的产品，一直以高品位、高价格占据着高端市场，那些职业人士和高档场所出入的高消费人群，长期对都乐产品情有独钟。

肥鸭餐厅在世界范围内也并不火爆，但肥鸭餐厅是英国人心目中当之无愧的最佳餐厅，从1995年诞生以来，餐厅依靠有灵性的厨师和菜品，成为英国最红的餐厅。

你或许只知道世界500强中排名前列的企业，像沃尔玛、壳牌、微软、苹果……假设你坐在家中，你关注的爆品都是你常用的东西，像宝洁的日化产品、箭牌口香糖、阿玛尼的服装、从沃尔玛买来的生活用品以及冰箱里那些耳熟能详的食物等。所以人们更关注那些直接跟衣食住行相关的产品，但实际上，像杜邦这样的公司，基业长青200来年，靠的不是制造火爆的爆品，而是稳定的百姓“用而不知”的真正爆品。

从尼龙绳到墙面漆，从可丽耐人造石到特氟龙不粘锅涂料，从除草剂到玉米种子，杜邦共有超过2000种产品，这些产品同样地深入到人们的日常生活中去，杜邦公司的化学部高管曾经说，公司发展的方向，皆是沿着那些产品的化学性质所提示的路线。

大吃一惊吧？基业长青的企业的产品中，有很多用而不知的东西，相反，知而不用，制造火爆现象的产品也不少，这些现象让我们在研究爆品时，产生了新的思考，按照眼下的理解，爆品就是那些卖得多、人气很高的产品，但实际上卖得多不等于人气很高，甚至人们连某些“爆品”的品牌名称都不知道。有些企业在过去很长一段时间内，不会把精力花在对消费者普及品牌概念上去，也就不会制造一夜大火的现象。

让我们先来看看几个不同时代、不同行业的爆品。

他们为什么这么火

一款中国香烟登上美国街头

1995年的一天，美国洛杉矶市内突然出现了一个巨大的广告牌，上面赫然写着几个大字：抽中国红塔山就像吃中国的饺子。这块广告牌引起了人们的驻足停留，他们好奇，究竟是什么产品能够跟中国饺子相提并论？更让他们难以相信的是，这款叫做红塔山的香烟在中国已经打败了“万宝路”“三五”这些他们认为坚不可摧的名牌产品。

同时，在中国国内，时髦的小青年习惯抽上一支红塔山，以示身份，那时，在很多人眼中，身上装一包红塔山，是一件倍有面儿的事情，因为红塔山是中国最贵的高档卷烟。

可以说，红塔山红遍大江南北、国内海外，这就是中国烟王褚时健在第一次巅峰时期打造的产品。

1979年褚时健开始管理玉溪卷烟厂，15年后，红塔山成为名副其实的爆品品牌。从利税上看，1994年，全国一共有9家卷烟厂利润上亿元，第一名是玉溪卷烟厂，第二名是上海卷烟厂，而玉烟厂的利润差不多是其他8家卷烟厂的利润总额。1994年玉烟厂利润总额由8.29亿元增加到60.94亿元，利润增长速度最快；利税总额约150亿元。在资金利用方面，玉烟厂的销售利润率、成本利润率、产值利润率、固定资产销售率、流动资金利润率、存货周转率等指标都保持全国领先地位。

不过，这是一个漫长的过程。你能想象1979年玉溪卷烟厂的状况吗？

那时的玉烟厂，是一个半机械半手工作坊式工厂，设备陈旧，都是国外在二十世纪三四十年代淘汰不要的设备，人心涣散、斗争激烈，最可怕的是产品库存积压严重，有一个说法是，玉烟厂的红梅牌香烟库存多得放不下，连电影院都装满了积压的卷烟。

短短几年之后，玉溪卷烟厂从一个名不见经传的小厂转变成为中国排名第一的利税大王，红塔山这款香烟产品引发了红塔山现象。

这期间，究竟发生了什么？红塔山摇身一变成为国民品牌，“走红”的背后褚时健用了什么方法？

实际上，引爆红塔山的并不是几个突发时点，而是褚时健一步一步的战略布局。

第一步是分析市场形势和竞争对手。1989年的《瞭望》杂志这样写道，褚时健的办公室的案头上不仅有新出产的红塔山、阿诗玛、紫云、仙章等卷烟样品，还有万宝路、健牌、七星等外国名牌。褚时健有着敏锐的市场判断，并且对竞争对手非常了解。

接下来的事情如而后媒体所报道的一样，褚时健采取了一系列大胆、激进的变革办法对整个玉溪卷烟厂进行变革，反复的比较同类产品后，他发现技术进步在当时的重要性，他两次大规模引进国外先进设备，使玉烟厂跻身一流大厂之列，随后，他制定了超前的激励制度改变落后的管理体制，采取将烟厂开到烟田等办法把控产品的最上游原料端，销售体系上，建立完善的分销商体系，在产品的渠道端稳固地占领市场。

在这样一个成体系、有规划的战略下，红塔山、阿诗玛等玉烟产品都成为了国内香烟产品的爆品，特别是红塔山，而后发展成为红塔山现象。

爆品现象没有中止，1991 年，红塔山走出国门，开辟新的战场，当年，玉溪卷烟厂和英美烟草公司新加坡分公司以及中国台湾中华烟草国际有限公司组成了产、供、销一体的跨国公司，由玉烟厂提供红塔山的原料和技术，生产加工方为英美烟草公司新加坡公司，销售公司为中华烟草国际公司，在世界范围内销售。1993 年 10 月，玉烟在新加坡生产，这是外国土地上第一次生产中国香烟，红塔山在东南亚各国销售，当时，玉烟在新加坡与英美烟草公司合作，每年生产 5 万箱红塔山，就地转口销往世界各地。此时，东南亚各国已设有 18 个红塔山免税商店。而后，红塔山销往美国、中美洲、南亚。

红塔山这样一款原本积压的产品，就这样成为国民品牌，而且让人敬佩的是，在而后很长一段时间，红塔山由畅销成为长销，由国内走向国外。

全世界有华人的地方就有它

国民辣椒酱品牌“老干妈”是辣椒酱领域最大的爆品，保持时间久，影响范围广。1998 年，老干妈的产值还只有 5014 万元，到了 2013 年，产值达到37.2亿元，15年间产值增长了74倍。自“老干妈”1996年成立以来，连续17年销售额都在增长，2014年，年销售额突破40亿。老干妈的市场辐射范围有一句口号是“全世界有华人的地方就有老干妈”。

2001年，老干妈开始进军海外市场，先是获得了美国食品及药物监督局（FDA）注册，接着通过日本的卫生检测，登陆日本市场。如今在北美、英国、日韩、法国、澳大利亚等成熟市场都有布局，几乎占据了所有有华人的海外地区这一品类的市场。

对于老干妈这款爆品来说，它采取的做法包括老干妈创始人陶华碧的几点原则：坚持不上市、现款现结、渠道常年稳固等等，不过，这款产品背后同样有着爆品的逻辑。

你时常会听人们讲起老干妈品牌诞生的故事：1989年，贵州一个偏僻的山区街道旁边开设了一家餐厅，名字叫做“实惠餐厅”，餐厅老板是一位农村妇女陶华碧，丈夫早早病逝，扔下她和两个孩子，为了生存，她开了这家专卖凉粉和冷面的小餐馆，她没有读过书，也不懂得经营之道，完全凭着朴素的想法，做实惠的生意，开了这家小店。

为了多一些生意，她琢磨出拌凉粉的辅料——麻辣酱，这个点子是基于陶华碧对其他餐厅的基本考察，她发现其他店的辅料都是简单的酱、醋等搅拌，为了吸引顾客，她特制了麻辣酱，果然，这个办法实施后，回头客多了起来，但是她没有想到的是，人们并非为了餐厅的主打产品而来，目标反而是辅料麻辣酱。

喜欢上麻辣酱的人越来越多，甚至专门前来购买，这让陶华碧产生了一种新的想法，专门卖麻辣酱。

1994年出现了让老干妈日后成为爆品的第一次机遇，当年，贵阳修建环城公路，老干妈所在的龙洞堡成为贵阳南环线的主干道，带来了第一波最容易产生口碑营销的消费者——大货车司机。

陶华碧抓住了这次机遇，她开始向司机免费赠送麻辣酱、豆豉辣酱等小吃。这些司机成为了最先传播老干妈产品的种子用户，并且以引爆点法则来看，大货车司机是典型的个别人物，他们的传播力极广，辐射范围广，影响至深。

最佳广告打出去之后，“龙洞堡老干妈辣椒”在贵阳开始火爆起来，随后，老干妈在广东最先打开市场，当时广东多为外来打工人员，老干妈不算最辣的，但它很好地平衡了辣和香，让最大多数消费者接受，以至于很多消费者一段时间不吃，都会非常惦记。这个特点非常适合广东当时的市场需求，就这样，老干妈一点一点打开了市场，而且没有做任何的数据分析、模型分析，只遵循了一点原则：跟着市场走。

与红塔山相同的是，老干妈一直坚持产品品质，很多分析人士认为：老干妈成功的关键在于把品质稳定做到极致，老干妈有着近乎严苛的原材料把控，所有辣椒原料都为遵义辣椒，是出口免检产品，并与当地建立绿色产品原材料基地，从源头把控产品。老干妈的品质稳定是维持这个爆品的主要因素，不管在任何地方购买，不管什么时间购买，老干妈始终味道如一，这种稳定的品质以及强大的渠道支持，成就了老干妈。

老干妈一直坚守诚信，当地为她供货的收购大户说：“只有我们欠过她的钱，她从不欠我们。”给她的辣椒，谁也不敢大意，因为只要出一次错，以后再想与她打交道就难了。当地给她的辣椒，全部要剪蒂，一只只剪，这样拣剪过的辣椒，再分装，就没有杂质了。

如果你认为老干妈成为爆品完全是产品做得好，那么，你无法解释为什么有大量的品质如红塔山、老干妈的产品在市场上昙花一现。一个爆品的产生，背后有着复杂的因素，包括像老干妈这样的市场机遇，也包括红塔山那类的战略布局。

再来看看老干妈的市场策略。跟着用户走，这是老干妈的成功经验之一，第一次跟随用户，产生了陶华碧不做餐饮而做辣椒酱的想法；第二次跟随用户，是老干妈最先在广东市场引爆；而后的跟随用户，是老干妈在海外华人市场的布局。

很多爆品在市场营销上都不知不觉地沿用了这个法则，这在创业过程中显得尤为重要，这决定着你是要听从一些理论分析和报表，还是要听从你的客户。没有材料证明老干妈当年的第一批顾客——大货车司机一般是来自哪里，但我相信，第一批顾客的导向是对老干妈市场战略起了影响作用的。

在我们进行市场开拓时，往往有一个声音在左右，去听听顾客怎么说，所以，任何初创企业都经历过难忘的地推时期，大家需要第一波种子用户，不但是要形成口碑的发散，更重要的是跟随市场。用户在哪，产品就要去哪儿。

小酒市场的另类走红

在小酒市场有一款不是最先诞生、也没有豪华出身，却在重庆、成都、长沙三个市场无处不在的品牌。在机场的广告牌上、街边的餐饮店、零售商店内处处都能看见它的身影，它将时尚潮流作为第一元素，目标消费人群瞄准“80后”“90后”，定位精准，较早地将互联网营销与产品结合。

它的名字叫做江小白。

你可能无法想象江小白有多火，有几个数据可以佐证，2012年江小白创立，一年后营收即达5000万元，以后以100%的增速逐年递增，创始人陶石泉拿奖拿到手软，2013年度中国杰出营销人金鼎奖，江小白榜上有名；风投争先恐后去投资，营销人也将江小白作为课程案例搬上课堂。

创业第一年即成为爆品，江小白做对了什么？爆品江小白又是采取了什么样的战略？

江小白成为小酒市场的成功者之后，大批媒体争相报道，营销者也在畅谈江小白的互联网营销方法，但你在这些报道里看到的往往是江小白的一个方面，冰山一角。

我们来看看江小白是如何在这么短的时间内成为爆品的。首先是开辟出蓝海，中国的白酒企业动辄是几十年的历史、几百亿的盘子，以中高端白酒为主。而江小白诞生的时候，针对“80后”“90后”这个细分市场开创了一个新的战场，避开白酒的红海品类，专注于这个细分市场的第一。

其次，江小白所有的体系都围绕这个定位展开，我们看到，营销是江小白最值得称道的环节，创始人陶石泉最先将白酒概念化、形象化，设计出青春江小白的概念，采用了亲民的品牌形象，利用微博、微信传播。

不过，除了营销之外，江小白在销售网络也做了比较大的创新，陶石泉倡导的销售模式为简单销售，采用蚂蚁兵法式的地推法，比营销上下的力度更大，江小白在成都、重庆两个地区的终端餐饮、便利店进行铺货，没有采用经销商战略，“对有效零售网点的大面积覆盖办法很笨，但这是必须投入的，这样才能在符合消费的诸多场景中便利获取产品。”陶石泉曾经回忆说。

因此，江小白中间没有各级经销商，一般只有一级渠道，个别偏远地区有两级，在生产销售体系的成本把控上，节省了较多的渠道费用。

此外，很多人容易忽略江小白的产品研发团队，经历了与供应酒厂的纠纷之后，江小白亲自打造生产基地，研发团队根据定位对产品本身进行了大量的研发工作，迎合“80后”“90后”消费群体，产品口感柔和、清甜，添加了时尚的因素。

背后的逻辑

褚时健起初做的是糖这个品类，他能够改进生产工艺，提升管理，在一年之内让戛洒糖厂实现扭亏为盈，在糖的这个品类，他打造出了一款爆品——戛洒糖厂的糖。

1979 年往后二十年左右的时间，褚时健一直在玉溪卷烟厂，将一个濒临倒闭的小厂做到能够与国际知名品牌“万宝路”“三五”香烟相抗衡的企业，光是玉烟的缴纳利税，在巅峰时已经超过全国范围内排名其后的 7 家企业利税的总和，其中就包括了大庆油田。毋庸置疑，对于整个香烟行业来说，玉烟厂的香烟又是爆品。

一些人称，做糖和种烟都发生在物质匮乏年代，人们对产品的唯一要求在于品质，因此才有褚时健的成功。那么，再看褚时健先生在 2001 年开始跨入的新领域——农业，在经历十年的种橙后，褚橙再次成为橙子这个品类的超级爆品，每年创造上亿元的收入，让褚时健再度成为身价过亿的种橙大王。

所以，我们想提出一个问题：糖、红塔山、褚橙是爆品吗？

答案是肯定的，这些产品在各自领域内是超级爆品，也正是因为有了这些产品，让企业迅速发展，靠着这些爆品收获了巨大的品牌知名度和利润回报。

但是，为什么离开褚老的红塔山逐渐失去爆品的身份？为什么在已经是一片红海的厮杀之中，褚老又能够打造出新爆品褚橙？又例如国产辣椒酱品牌老干妈，如果，我们只认为，老干妈辣椒酱是爆品，为什么跟老干妈不相上下的老干爹辣椒酱就不是爆品？

所以，我们要研究上述三款爆品背后的逻辑，尽管这三款爆品走的路线完全不同，分处的时代、行业也完全不一样，并且很明显的是红塔山成为爆品走的是整体战略布局，从生产设备改造、原料改造、管理体制变革、销售渠道一步一步去打造，是上世纪八九十年代改革开放以后大部分国有企业采取的做法，而老干妈由手工作坊发展成民营企业，坚持产品品质，跟随市场走，在几次机遇面前，凭借陶华碧的市场敏锐感，顺势而下；江小白是新时代下的小而美代表，走了差异化竞争的道路，做不到红海的拼杀，成为不了已存细分市场的冠军，就硬生生开辟了一个蓝海市场。

但看上去，红塔山、老干妈、江小白这几款爆品与眼下企业追逐的爆品并不相同，这三款产品都不是概念产品，除了红塔山在当年创造的辉煌人尽皆知以外，另两款产品并非在互联网上人人皆知，但确实人人都用。请允许我们做一个假设，假设红塔山诞生于当下的环境下，相信与老干妈一样，会同属于那类人人都抽，扎根在消费者心中的产品。

这就是本书所提倡的爆品思维，不求卖得好、卖得快、炒得凶，而求卖得好、卖得久、口碑好。

褚时健一开始并不是打算一夜之间让红塔山火遍大江南北，他的目标是让红塔山成为真正能够与洋烟抗衡的民族品牌，他打造的褚橙也并非要在互联网上掀起一阵褚橙热，他的目的是要种出与美国新奇士相媲美的中国橙子。老干妈从未想过在海外华人市场掀起一阵辣椒酱风波，陶华碧女士一直以来坚持要生产出最好吃的辣椒酱，奉献给爱吃的人，这叫做重新定义了产品的品质。

陶石泉先生也并没有想让江小白成为某些网站活动销量冠军，他要做的是在青春类白酒市场撕开一道口子，成为这个细分市场的老大，江小白走的路线并不是跟随复制，而是在现有市场上细分，寻找蓝海，在一个细分领域打败所有其他的竞争企业。

三个不同行业、不同时代的产品都说明了一个道理：没有一种爆品是短势效应，也并非追求短期销量。他们之所以这么火，背后逻辑在于掌握了一套生产爆品的思维方法，一套体系。

你是否已经明白了本书一直强调的“爆品”与人们追逐的“爆品”的差别？这里提倡的爆品思维是让你能够解读他们为什么这么火的原因，火爆背后是一种什么样的思维和体系在支撑。

品牌营销专家李科成老师认为，企业不应该追求一时的爆品，他说过，“如果套用爆品定义，我们发现传统企业的爆品比比皆是，谁敢说庆丰包子铺的‘主席套餐’、姚记炒肝的‘总统套餐’不是爆品？简言之，真正的爆品是‘百姓日用而不知’。”

卖得火不等于卖得久

有些爆品卖得火也卖得久，但有些爆品只是卖得火，如果你一味追求卖得火，那你必然要在价格、包装上做文章，这种火爆的现象也会让你疏于体系的打造。

电商平台淘宝网上的很多商家对此更有感触，一家在淘宝上三皇冠的女装店铺，刚刚开业时，也遭遇了所有新卖家会面临的困境——新店产品单一、无流量、运营差，为了迅速拉高销量，店主想到了以低价策略打造爆品的策略。

于是，她开始四处寻找畅销品，在批发商城，她用极低的价格批发了大量的服装，同时参与网上促销活动。靠着这一单品，这家小店销量和信用值迅速提升，月销量一度接近1万件，店主在享受着爆品带来利润的同时，一度将店里其他产品与之捆绑销售，随后进入同类商家的排名前列。

尽管是小店主，但与大多数创业者的心理都相同，在尝到爆品带来的甜头之后，店主开始“爆品化”的操作模式，她开通了淘宝直通车，以收费点击来提升产品的搜索排名，所有产品的目标都是以性价比带来销量，以应季为主，仅仅一年过后，店铺的人气和流量都迎来最高峰，甚至吸引过很多小额批发客户。

好景不长，到了开店两年后，几乎所有的淘宝网小店主都开始追寻所谓的爆品模式，各种应季的低价产品出现在平台上，平台的推广资源费用不断提升，此时，店主才发现，追求爆品的两年内，自己没有成熟的团队，店铺运营一塌糊涂，会员管理制度相当于0，供货商也极其不稳定。

零售企业更容易遭遇这种现象，打折促销的产品极易带来销量上的猛增，但是，不仅无法创造利润，还会占据销售体系中其他环节的资源，比如，物流、人工、损耗，爆品思维与做爆品存在着本质的不同，爆品思维需要考虑公司整体的经营，而不是单单做出一款火爆的产品而已。

实际上，这种现象我们并不陌生，拿创业大军来说，每一天都在发生同样的事情，追寻这种产品思维，其原理并不复杂：利用价格的优势调节供求关系，调动起消费者对产品的购买欲望。但这样打造出的不是爆品。

另一个例子是与淘宝店同样规模的一家小店，它不但完成了爆品的打造，还依靠爆品升级了商业模式，甚至挖掘出了爆品经济。

这就是在重庆走红的十年未涨价的1元美心馒头。“1元策略”本来是营销策略，但随着产品的畅销，店主摸索出一条爆品道路。先是在产品品质上的改良，原材料和辅料实现标准化机器生产，和面温度、湿度调节等精度标准化；在管理上，对100多人的员工队伍进行现代化管理，去日本学习食品机械和管理知识，定期培训和考核，保持组织的良性运转。最后，美心集团围绕馒头开发了一系列衍生产品，探索了馒头亏损、衍生品盈利的盈利模式。

联系前文所举的红塔山、老干妈和江小白的案例，我们一直想告诉读者真正的爆品是一个体系的含义，如果你还未理解，通过一组对比将有助于你强化这种认识。

褚橙是中国的超级水果，无疑是水果领域最大的爆品，卖得好，人气又高。2012年，褚橙走红后，同时走红的是几家生鲜电商平台，然而，褚橙这款爆品并没有让这些电商平台扭亏为盈，尽管每年褚橙这一款单品就贡献了数千万的利润，但平台的整个体系问题并非褚橙可以解决。

形成鲜明对比的是水果领域另一款不为人知的品牌——都乐，这家世界上最大、品质最好的新鲜水果跨国集团，仅仅凭着都乐香蕉一种强势品牌，轻松实现营收破亿。但大家不知道的是都乐早在1998年就进入中国，建有完善的现代化加工配送中心，上游拥有种植基地和水果合作种植基地，下游覆盖全国近千家超市，先进的科技手段和管理让都乐牢牢占据水果行业强势地位。这就是爆品体系与爆品的不同。

这其实属于两类爆品思维，对于企业来说，爆品是一个体系性的东西，也可以被称为是一个完善的公司组织，在这个体系当中，你需要全面认识爆品。

营销专家李科成认为，爆品其实是企业营销势能在短期内得到全方位释放的一种表现。

不管是红塔山，还是老干妈，其爆品背后是一套完善的体系架构。例如老干妈，产品品质、营销推广、渠道建设、公司管理多方面的配套，强势的经销商策略，包括现货现款、发货以火车皮为单位、大区域布局等等，老干妈的经销商网络到现在也是一大特色，具体为只选择大区域经销商，区域净销售再进行二批的开发，最终形成了老干妈经销商遍布全球，便利店、商超、菜市场全面覆盖的形势。这才是爆品思维的体现，也是支撑你的爆品既能卖得好，又能卖得久的体系。

同样，红塔山、老干妈、江小白三类产品把很多情感注入其中，将红塔山看做是国民品牌的身份象征，老干妈代表家乡的味道，江小白成为年轻一代的代名词，这是从卖产品到卖情感的飞跃，虽然前两者诞生年代较早，但依然没有忽略消费者情感的因素。可见，爆品是能够引发大范围消费者共鸣的产品，这就需要企业跳出产品框架来。

不要被爆品绑架

知道自己做什么是很容易认清的，相反，认识到自己不该做什么是很难的。

就像已经成为第一的企业也绝对不会在任何品牌宣传中声称自己是第一，爆品思维下，初创企业有很多不应该做的事情。

日本中小企业有一条法则，叫做年轮经营，它告诉我们，盲目追求流行不会给企业带来持久的发展，因此，想要拥有爆品，第一个不能做的事情就是追求时髦的产品，也就是跟风。

福特先生在回忆录中曾经写到，“创业之初我们没有任何‘有利’条件，几乎是白手起家。我们所拥有的，都是靠自己挣来的，是通过不懈努力和对原则的坚持挣来的。不玩把戏，也没有花言巧语，我们将本来被当作奢侈品的汽车，变为了生活必需品。当我们开始制造如今这种汽车时，整个国家没几条像样的马路，汽油稀缺，而人们也都认定了汽车最多不过是有钱人的玩物。我们唯一的优势，便是我们并无先例可循。”这是福特精神的凝结。

不跟风不等于逆势而为，也不等于让所有的初创企业都去挖掘新的细分市场，而是告诉大家，要在自己打算开拓的领域深耕下去，做别人没有做到的事情，完善竞争对手没有优化的体系。有了这个愿景，你离爆品思维又近了一步，我们不能肯定这个方向是否正确，但至少能保证你没有在一开始就朝着死路前进。

就像杜邦公司创造的奇迹，其第三代创始人阿尔弗雷德三兄弟最重要的经营理念，就是赚有耐心的钱。他们建立专门从事研发的东部实验室和实验站，是当时全美第一次建立现代研究实验室，这奠定了杜邦屹立不倒的基础，他们认为，化学发现就如同在一次家族聚会中将所有的陌生人聚拢起来，它们是相互关联的，杜邦要做的是找出这些关联，其结果必将是合成出有前景的、能带来利润的产品。斯泰恩认为，研究资金应得到稳定的供给，不受商业周期的影响。

这就是杜邦公司的“赚耐心的钱”，在这种理念下，杜邦在1930年就发明了人类历史上第一种工业化生产的合成橡胶，1938年，又生产出尼龙，这种纤维最早被制成长筒丝袜。至今商业化生产的40多种聚合物中，杜邦公司的发明就占据了约75%。

爆品思维下，初创企业不能做的是被产品绑架。很多企业的实践告诉我们，从企业创立开始，就生产出了超级畅销产品，这多半不是好现象，反而是极度危险的信号。畅销品的背后是光环和好看的数据，这容易让你忽视公司和组织的搭建，你可以坐享其成，你也可以享受机遇下的红利，但脆弱的体系让你失去成长的魅力，也错失很多企业成立之初本该遭遇的各种风险带来的成长。

职业规划师通常建议家长在孩子上幼儿园时就开始培育职业习惯，适当地让孩子融入团队，接受委屈与不解，目的就是培育孩子的良好习惯、情商与承受风险的能力，其中最后一点极其重要，一个人的成熟与他有多大的承受力密切相关。

如果把初创企业比作一个儿童，过早被光环环绕会导致成长过程中缺失风险的历练。因此，我们在给企业的讲座中反复强调了，不要被单一的畅销产品绑架。

不过听起来简单，实践中却很难把控，很多创业企业难以从数据和利润的诱惑中脱离开来，业绩的压力和生存的现实会迫使你追求爆品而疏于组织构建，不过，事实就是这么残酷，如果在创业前三年没有致力于组织与管理，企业很难在而后永续经营，而如果不追求数据，恐怕创业企业又会倒在前三年。因此，你需要掌握的是平衡术。

相比于不能做的事情，弄明白要做什么很简单，不管你有多少员工，你需要完善你的组织架构和管理，第一堂财务课、法务课是必要的，尽管人人都是多面手，但业务布局和权责划分也是不能少的，各部门人员的协调关乎整个企业的运营环节，这是未来你能不能承受住火爆的关键要素。

日本中小企业的年轮经营

一直以来，我们都非常欣赏一些日本中小企业的经营理念，日本中小企业在整个国民经济中占据的比例非常高，而与目前我们的状况不同，日本中小企业一直致力于打造自身内功，在日本经营学专家坂本光司的研究中，日本中小企业身上有着多达十数条的特点，其中有一个特点，成为一种特殊的优势，支撑着日本中小企业的永续发展，这个特点被称之为“年轮经营”。

即把“不盲目追随经济景气或流行”和“不进行力不从心的发展”当作行动指针，进行稳健经营。[1]

像树的年轮会非常稳健地每年增长，“年轮经营”的含义也是这样，是说企业经营像树的年轮一样，每年获得一定的发展。这些企业不容易受到经济环境的影响，也就是，无论经济好坏，他们都能维持稳健的发展。

---

[1] 坂本光司著、刘鑫译：《逆境不败-日本最活跃的17个小企业绝处逢生的故事》，红旗出版社，2015年11月版。

为了坚持这种年轮经营的理念，有些企业甚至拒绝流行，他们会认为，短期流行性的事情必然会打破公司原有的经营步骤，对他们的内功不利，当经济景气时，他们也不为之所动，不去借助形势盲目扩大生产，也不会盲目更改计划。他们相信，高收益商机或者市场的出现是不长久的，很快就会销声匿迹，如果企业盲目跟着流行和商机，一定会给企业带来冲击。

你或许非常不理解，流行和商机不正是企业应该追求的吗？尤其是流行性趋势，这种已经被人们视为创业前提的"风口"，直接成为决定企业成败的重要因素。但接下来，这个日本中小企业的故事证明，并非如此。

在日本的长野县伊那市有这么一家中型企业，虽然注册资金仅有1亿日元，但在日本民众的认知中，他比丰田、索尼、东芝还了不起，公司已经经营了50多年的时间，一直充满活力。他们是生产综合凝胶、凝露的厂商，公司生产一种叫做"寒天"（编者注：寒天，一种食物原料，用于生产羊羹等果冻类食品）的产品，这种产品在日本国内有80%的市场占有率，在海外也有15%的市场占有率。

这家公司的名字就是伊那食品工业株式会社，它了不起的地方表现在整个日本经济疲软时期，业绩依然维系良好的增长态势，能够连续48年保持10%的营收增长和利润增长。

然而，你大概从来没有见过这样的企业经营理念，其会长塚越宽说，我们不喜欢别人用业绩增长形容我们，因为我们的目标不以营收和利润为目标。

那么，伊那食品公司有什么样的永续经营秘诀吗？其实答案只有一个，他们极度奉行年轮经营方式。

伊那食品有三项经营方针，其中第一项叫做“不勉强追求成长”，指的是公司不勉强追求流行，不为景气左右，会长认为，景气都是表象，一旦经济下滑，就会凸显企业实力，而景气时购买的设备就会变成过度投资。有一个听起来不可思议的故事发生在伊那食品身上，但是它却是真实的。有一年，报纸电视上对“寒天”这种材料进行了宣传，随后掀起了一股消费热潮，伊那食品是行业领先企业，一时间吸引了大量的订单，然而，会长坚持要求，我们要婉拒多余的订单，他说，这种流行一定会有衰退的一天，到时候我不希望牺牲员工。他们对下订单的顾客说：“非常感谢您的惠顾，但我们公司最重视的是员工，我们没有要求员工加班的制度，因此无法接受您的订单。”

另两项经营方针包括不树敌和给员工带来幸福感。伊那“不树敌”背后维护着整个商业生态体系，从来不打价格战，对下游厂商也很友好，一些很努力但利益得不到体现的企业，伊那公司经常替它们提高获利。

对于企业出现的问题，塚越宽一直信奉企业经营的真谛，他曾经说过，企业倒闭几乎都是内部的问题，没有一家公司是因为外部因素而倒闭的。

这种观点你并不陌生，很多管理学家都曾经告诫那些企业主，他们一直强调组织的作用、人的作用、管理的重要性，他们说过，没有一家公司是因为没有顾客购买商品而倒闭的，也没有一家公司是因为销售量减少而倒闭，真正的原因都是出现在企业内部，企业经营理念和管理方法出现了问题，才会导致销量下降，市场才会打不开，这些问题统称为组织危机。

实际上，日本中小企业的这种年轮经营理念给我们带来的最大启示就是体系的作用，与爆品一样，二者的核心都在于构建好组织体系后，这样无论在经济寒冬下，还是在任何一个领域，都拥有打造一个爆品的能力。此外，年轮经营不过度追求流行产品也让企业能够沉下心来修炼内功，强化内生力。

爆品思维的核心

提起爆品，人们立刻想到一个词语叫做畅销单品，没错，对于每一个企业来说，最终目的都是打造出能够长销的超级产品，这种产品即使产品数量不是唯一，但理念一定是唯一的。就像苹果手机，任何一代苹果手机产品身上都能循到最初的理念。

单品思维

如今你能说得上来的爆品品牌，一定是带着这种品牌强粘合度的产品，比如：

箭牌口香糖、可比可糖果、乐高玩具、吉列剃须刀、李维斯牛仔裤……

事实已经很明确了，你从来不会说，李维斯的手表、箭牌的口气清新剂，可比可的商店……因为爆品的前提一定是从单品出发。

因此，爆品思维的第一层含义就是单品思维，有很多企业在一开始甚至是而后的所有过程都在坚持一种产品的理念。

这方面的鼻祖应该算是福特的T型车。

1909年的一天早上，福特走进办公室，没有任何的先兆，他向人们宣布，往后福特公司只生产一种车型，那就是T型车，并且，所有车都只生产黑色的。

福特说：只要车是黑色的，顾客就可以将它漆成任何他想要的颜色。

在那之前，福特汽车公司共生产了八款汽车，分别是A型车、B型车、C型车、F型车、N型车、R型车、S型车，以及K型车。这些车型让福特汽车收获了很大的成功，公司赚了大笔的钱，此时，只生产一款汽车，只刷成黑色，让公司人员惊讶不已。

有些人开始认为，福特公司马上就要倒闭了，公司撑不过6个月。也有人直接用破产来预言福特公司的命运。

这时的福特心中依然坚持要打造一款超级产品，他的想法是，“当一款车型确定下来，以后无论对它进行任何改进，都要确保新产车的零件可与之前的互换。这样，一辆车是永远不会过时的。我有志使自己制造的每辆车，甚至每件非耗材产品，都牢固耐用，质量过硬，使顾客不用再买第二件。任何一种好的机器，都该像好的手表一样，经久耐用。”[2]

---

[2] 亨利·福特著、张舟译：《超级产品的本质》。

成效是人们所熟知的，T 型车收获了巨大的成功，它的面世，让其他继续生产的车型黯然失色，而 T 型车比任何一家汽车厂商的车都卖得多。

而后，福特先生回忆道，下定决心只做一款产品之前，福特汽车已经取得了不小的成就，销售商们认为，只要推出更多的新款，业绩会更上一层楼，所以他们反对做单一的产品，坚决要求开发更多的车型，但他坚持认为，一款好的产品不仅仅是产品，而是一种超级理念。

然而，过程依然不是人们所熟知的，这款车型的打造过程中，并非一下就推出了完美的产品，而是慢慢改进。福特先生从英国请回一位懂商业炼钢的人，生产出独特的钒钢，又将各种车型的零部件拆下来仔细研究，从生产环节、人员管理、生产效率等各个方面开始改造，最终，不论在任何时期，福特生产的汽车都能够基于这款车型去改造。

T 型车成就了福特企业，也成就了福特。这是单品战略的典范。

吉列剃须刀的成功也通常被人们归结为“一”，吉列剃须刀公司数十年来都是一家经营单一产品的公司，保持一种商业模式，在吉列众多研发实验室中，尤曼实验室被称为剃须技术的先祖，在这里，他们只关注跟一种产品相关的三种事物：皮肤、须发和金属。

将简单做到不平凡，是吉列能够凭借一种剃须刀产品历经百年的秘密之一，公司在研发上投入大量经费，在其100多年的历史中，吉列开创了许许多多的行业第一：剃须刀架（1946年）、Trac II双刀剃须刀（1971年）、Atra旋转头剃须刀（1977年）、Sensor弹簧剃须刀（1990年）以及

“锋速3”3刀剃须刀。

不过，近几年，吉列公司忙于收购其他公司，打火机、植物肥料、货运公司都有涉猎，产品种类也丰富多样，包括除臭剂和各种洗发精，但堪称爆品的产品依然是吉列剃须刀。

长跑思维

商业上还有很多超级单品的负面案例，这些故事实在是让人沮丧透顶。福特汽车推出T型车的时候，已经有所成就，但如今的很多初创企业，在推出唯一性产品时，他们什么也没有，没有美好的销量数据，没有实力雄厚的资金，没有强品牌影响力。所以，你会看到，一家只有一款菜品的餐馆无法吸引顾客的常驻，周围多样化的选择分分钟就能够抢走你的客源。一个只兜售一款产品的店铺往往承担着单一产品风险大、不能满足个性化需求的弊端，对此，我们想告诉你的是，爆品思维的第二层含义——长跑思维，也就是说，你要将爆品的打造看成是一场马拉松。

如今，像三只松鼠、江小白一类的案例并不多，而且严格来说，他们还不能算是真正的超级单品，毕竟是否能够长销，还需要时间的考验。

今天的互联网加快了产品的生产周期，过去传统企业用了十年做到的事情，今天或许三年就能够成功。这会给人带来一种误解，让人从企业诞生那一天开始，就摒弃传统企业的做法，追逐互联网下的风口，于是，社会化营销、粉丝经济、社群就出现了，轰轰烈烈的实验之后，你会发现，社群不是你想要的社群，粉丝始终变不成你的用户，你的营销也始终引爆不了网络。

问题在于忽略了商业行为的本质，乃至营销的本质。

商业行为的本质就是对消费者行为的理解和引导，要足够理解消费者，这需要反复的市场试验才能够做到。要引导消费者，需要强有力的产品品质，而好的产品不是仅有情怀和理想就能够做到的，看看锤子手机的案例就知道，做硬件的企业如果对供应链没有足够的理解就无法生产出完美的产品，做互联网的企业不能认识到资本的作用也无法长盛不衰。

至于营销的本质，菲利普·科特勒的4P营销方法告诉我们，以4P为核心的营销组合，即产品、价格、渠道、宣传是营销者无法绕过去的四个环节，仅重视其中一块是无法让产品成功的，所以，眼下将所有重心都放在宣传的初创企业应该意识到，4P的任何一环节都同等重要。

日本中小企业的年轮经营，美国老牌企业的不赚快钱，都是长跑思维，互联网唯快不败，真实的解读是快速出产品、精益生产，很多人认为互联网加速了成为爆品的可能性，但实际上成为爆品这个过程相当漫长。

体系思维

爆品思维是一种体系论，事实上，这并不难理解，体系论的背后关乎你的终极目标是打造出一款卖得又好又久的产品，还是打造出一个伟大的公司来。

《基业长青》一书中将企业家的这种愿景叫做把产品看成是公司的桥梁。书中举了一个关于惠普的案例：

惠普在创立之初，因经历连串失败和勉强算是成功的产品学会了谦虚。可是休利特和帕卡德继续摸索、坚持、尝试和实验，一直到后来才想出如何构建一家具有创新能力、足以表达他们的核心价值、并赢得能够持续创造优异产品美名的公司。

他们出身工程师，本来可以追求成为工程师的目标，但他们没有这样做，而是迅速地从设计产品转型为设计组织、创造一个有利于产生伟大产品的环境。

帕卡德在1964年的一次演讲中也表达了这种倾向："问题在于，你怎样营造出一个让个人可以发挥创造力的环境？……我相信你们必须多费心思在组织结构上，以便提供这种环境。"1973年，有一位记者问帕卡德，在公司的成长中，哪些是他认为最重要的产品决策。帕卡德的回答没有提及任何一个产品决策，他完全从组织决策方面来回答，如发展一个工程团队、贯彻财务纪律的现金支付政策、分红计划、人事和管理政策、"惠普风范"的管理哲学等，这位记者在拟定文章的题目时，也发挥巧思，取名为"惠普董事长用设计构建公司，靠机运制造计算器"。

这就是一个伟大的公司和一款伟大的产品之间的区别，伟大的公司可以盛产各种伟大的产品，但伟大的产品背后未必有伟大的公司。因此，处于初创阶段的你，在制定公司的愿景时，希望你会从体系出发，而不是将目光仅仅聚焦在产品上面。

纠正爆品思维的作用也在于此，因为我们从大量的企业身上看到，过度追求产品反而不容易打造出爆品，而要打造爆品就必须要摆脱产品思维方式的束缚。

就连当下最伟大的互联网企业也是如此认为，谷歌公司称道："未来企业的成功之道，是聚集一群聪明的创意精英（书中称为 smart creative），营造合适的氛围和支持环境，充分发挥他们的创造力，快速感知客户的需求，愉快地创造相应的产品和服务。"

所有成功的企业都非常重视体系的作用，优秀的领导人也是如此认为的，即便他们懂得超级单品打天下的重要性，事实上，他们在实践中也是这样做的，但比起产品来说，他们更重视组织的重要性，他们的愿景往往是改变世界的某一领域，或者是人们的生活方式，而这并不是一款苹果手机能够做到的，所以乔布斯信奉的是"科技改变一切"。

如何拥有爆品思维

商业上有些老生常谈的说法，比如趋势、流量，这些人们耳熟能详的概念实在不足为奇，但并不是所有创业者都能够领悟其中的含义，比如说流量，无论是祖先们沿街叫卖，还是老一辈企业家的酒桌拼杀，还是时下时髦的粉丝营销，核心都是引流，流量告诉大家的是营销思维中最核心的要素，找准流量，就找到了生意。

细分、再细分

当几个小伙伴有一天发现一个绝佳的机会之后，接下来就是需要理性思维发挥作用的时候，你需要很认真地回答几个问题，哪怕这些问题是在而后的发展中不断被推翻的：

你想做的是哪个领域的生意？

你想解决的是什么问题？

你填补的是哪项未满足的需求？

你凭什么只用一年的时间干过奋斗了10年的公司？

你打算怎样安排一年规划、三年规划？

……

商学院的课程里很少教人如何提问，但提问和假设能够让初创企业激发创新和保持冷静。畅销书作者沃伦·贝格尔在《绝佳提问》一书中告诉我们，商业领袖都很擅长运用一种提问系统，其实他们是在提问中不断质疑，不断改进，进而接近商业的本质。想要拥有一套能够生产爆品的体系，必须从提问开始，这是让初创企业避免盲目跟随爆品的最佳途径。

以上问题包含了公司的愿景和使命、发展方向、实施步骤等，接下来，有两个问题是你需要想清楚的——“为什么他们没有……”和“凭什么你……”。创业者需要从这两个问题出发来认识自己。

“为什么他们没有……”的问题说明了打造新爆品的机会，美国商业案例书中有一个经典的案例是关于Netflix视频租赁公司的，最初创始人从一个问题开始了他的思考，当时他习惯从一个叫做百视达的音像店租电影碟，因为他总是不能够按时归还，所以要每次都要支付一笔数额不小的滞纳金，为什么他们没有人解决这个问题？他总是问道。

这个疑问一直萦绕在他脑海，他不断问自己，为什么这是同行们没有做到的事情？而后，他想到要像运营健身俱乐部一样的方式去运营一家视频租赁公司，采用月度会员制度，再往后发展，他又问道，为什么他们没有去制作电影和节目呢……

“为什么他们没有……”的问题是爆品思维的出发点，这个问题意味着什么？

想想看吧，跟随战略有几个能获得成功的？跟随其他爆品去拼杀意味着什么？

答案是显而易见的，要在红海里试图颠覆消费者心目中既有的品牌印象，那是几乎不可能完成的任务。

这种情况下，只有找到更细分的市场，才有成为爆品的可能性。

紧接着的第二个重要问题是“凭什么你……”，在这句话后面，你可以很自然地问道，“凭什么你的产品就会火”，商业中从来不存在偶然性，在每天梦寐以求成为爆品之前，你需要反复问自己，凭什么你能引领潮流？

凭什么用户会爱上你的产品？他们究竟是因为优惠活动，还是因为碍于情面来购买你的产品？

2012年，褚时健先生选择冰糖橙这个细分市场，对于褚橙日后的火爆起着关键的作用。

越是细分的领域，越有市场。冰糖橙是一个品类，但是没有品牌，就像褚老之前做烟，香烟市场很大，但是品牌产品不多，虽然橙子品类十分细，但是市场很大，很多人都喜欢吃橙子，而这个领域先前只有一些比较小的地方品牌，属于品牌的诸侯割据时代，没有领导者，对于醉心于质量的褚老，显然他一开始就充满信心，可以做出类似先前做烟一样的品牌。

所以，一个关键是找到更细分的市场，成为领先者。

重新定位

可能每一个创业者最先接触的一本商业指导书就是《定位》，这本被称为有史以来对美国营销界产生影响最大的一本书，同时对中国的营销者也起着透彻心灵的作用。营销大师杰克·特劳特从提出定位，到解释定位，最后给出了一个进入顾客心智并赢得选择的定位之道。

然而，在实践中，很少有企业把定位理论与实践结合起来，尤其是初创企业，因为他们实在难以把握用户的心理，他们无法判断哪些是真实的需求，哪些是表面的需求，他们也时常搞不清楚自己到底是要做哪个细分市场。

拥有爆品思维，目的就是做细分市场的第一，这就需要在一开始找准自己的定位，定位不准，就没有生存的空间，定位不清，就失去了发展的方向。

相比这些普通的案例，像小米公司一样在最初就有明确定位的企业并不多，或者说做得好的案例少之甚少。

不过，有这样一家创业企业对定位理解极深，他们做的是休闲食品的业务，在创业之初，他们非常明确自己的方向，他们认为，中国会经历一个从吃饱、吃好，发展到一个吃得有趣的演变过程，所以接下来吃什么会成为一个人群的分流，中国的一线食品太缺乏深度，太缺乏一些真正的关怀，缺乏一些真正地触及人类情感的东西。因此，他们立志用互联网方式做一款有感情的食品。

在受众定位上，该公司创始人曾经说道，“中国的女人是全世界最有变革性的女性，她们特别地多样化，我们认为，研究女人是一件非常重要的事情。”他说“很多食品开始简单肤浅地定义女性的时候，要么觉得你是一个没心没肺的吃货，要么你是一个高大上的母亲，但实际上，女人是有很多面的。这就是说，其实他们可能是绝望的主妇，有很多放肆，甚至是重口味的一面，中国女性的面相特别多，你要很诚实、勇敢地去面对。这些女人不希望用一个很固化的思维去定义她们，很多时候你可以看到上一秒她还在焚香，下一秒她可能就是一个重口味。”

据此，这家互联网休闲食品企业将消费者群体就圈定在两类，有一类是35岁以上的中年妇女，而对于19～25岁这个区间，她们正值青春旺盛期，对一些新奇的东西易于接受，也有需求。明确的定位和精准的用户让这家创业企业在诞生两年后就频频收获市场的认可，尽管他们的产品还没有成为一款爆品，但在那个厮杀激烈的细分市场中，他们并没有像其他企业一样迅速被淘汰。

差异化竞争

上述将受众定位在女性的休闲食品公司创办两年多以来，坚持没有跟传统的线下渠道、分销商合作，他们以社群、自媒体平台为主要通道，一开始就主要做品牌和参与感，他们大多采用的是互联网的玩法，定位精准，方向明确，两年多下来，与一些国内极其有号召力的自媒体平台都展开了合作，品牌塑造得也非常成功。

有一次，在与公司创始人对话的时候，我们问道，为什么没有采取传统的做法，产品—包装—渠道—服务等流程，而选择了一种似乎更轻、离传统体系更远的办法？

他答道：“在我们产品定位明确之后，我让团队每人写出20条同行们都在使用的办法，而对于这些办法，我们一概没有采纳。”

“每天有数以万计的新技术和新项目出来，你只能找你喜欢的。只能说我们包括做其他品牌，会做更极端一点。如果说线上没有人讨厌你，就没有人喜欢你。所以你会发觉，你不需要那么多流量，我不需要每天挤破头敲门，我只需要每个进来的人都是对的人。所以我们从产品开发就会坚持这个逻辑。”

在营销推广上，这个项目采取了暴力营销实验，首先确定销售总目标，然后各自认领相应的目标销售额，在自己的朋友圈子里进行营销。

这种做法很快让我们陷入思考，没有结果显示，不按常规做法去发展的公司就一定是不符合商业逻辑的，同样也没有结果显示，不走寻常路就一定会成功，但我们想告诉大家的是，差异化竞争是初创企业的突破路径，在差异化中寻找自己立足的优势，才能够让初创企业在厮杀的红海中赢得一席之位。

有一些商业类的小说在这方面也很有趣，在一本叫做《天幕红尘》的商战小说中，作者塑造的核心主线就是差异化竞争，这种思想贯穿在主人公以及作为主线的商战案例中，小说开头就讲述了一个大亨的故事，求得高人指点，办公室上挂上几个大字：见路不走，其哲学含义就是照抄照搬别人的模式、经验，即所谓的“见路”，是行不通的，而且不仅是别人的经验，就是自己的经验，只走“见路”也是不行。

往往喜欢破除传统经验的商界领袖都成为了卓越的企业家，第一个吃螃蟹的人付出的是风险代价，但高风险意味着机遇，也意味着可能会开创出的蓝海。

体系健康流转

将褚橙推向全国的本来生活前高管胡海卿先生2015年再出发，打造了一款新的农产品品牌——黄金富士。

这款苹果于2015年11月面市，上市期间的7个月里，线上、线下渠道总共销售量超过210万斤（1050吨），其中高溢价销售部分为220吨，超过了他第一年在本来生活网推广“褚橙”时200吨的销量（品牌溢价约200%），可以说，“黄金富士”已经成为了胡海卿团队继操盘“褚橙”之后，成功塑造的又一个农产品商业品牌。

与褚橙的由故事引爆不同，这一次，胡海卿先生注重了全渠道立体销售，在渠道、供应链、推广等多个方面形成了健康的流转体系。

渠道选择上，以同步在北京、上海设合作仓，在长沙、武汉、重庆建立城市合作人的模式，采用线上、线下相结合：线上亮品牌为主、销售为辅，以线下销售渠道拓展为主的渠道战略，先后在沃尔玛、世纪华联、乐天玛特、卜蜂莲花、大润发、果琳连锁、山姆会员店等接近20家商超专卖品推广销售，在果乐乐、许鲜、厨易时代等10多家生鲜O2O露出销售，终端市场覆盖北、上、广、深等60多个城市，同时亮相唯品会、百度外卖、每日优鲜等20多家大中小电商平台，针对不同平台特点设置相应SKU，结合创意活动玩法，进行网络品牌推广和销售，覆盖全网消费者。

在45万斤的“黄金富士”品牌苹果的销售中，线下渠道销售占比高达86%，线上销售量占比约8%，其他O2O综合销售渠道占比约6%；在终端消费者市场单价中则呈现出不同的的比例情况，“黄金富士”市场零售价10～15元/斤多为精品水果连锁专卖渠道及部分网络销售渠道；8～10元/斤多为大型连锁KA渠道，以及部分O2O渠道；单价零售6～8元/斤为地方区域商超及传统电商渠道。[3]

体系能否健康流转是最能够检验产品是火爆还是爆品的标准，2015年，很多做生鲜的创业者倒在行业壁垒下，究其原因，他们的错误在于忽略体系的搭建，认为卖农产品是最容易实现的事情，但是他们并不知道，农业与科技一样，对于体系的要求格外严格。

外行看到农产品数倍的利润差价，但做过生鲜的朋友都清楚地认识到，在整个体系中，如何引来流量、如何提高转化率、如何在每一个环节降低成本，都是问题。举个简单的例子，一个卖无花果的创业者，在推出第一个产品时，通过推广和社交媒体，赢得了大量订单，但是由于缺乏体系构建，在物流、人工、包装等方面遭遇各项高昂的成本。

他的第一款产品是一种青皮无花果，地头收购价是每斤8元，淘宝零售价大约是每斤35元，4.5倍的毛利，“算成本，8元成本，筛选掉过熟的、过生的、裂口的、破皮的、太大的、太小的，每斤成本要飙升到10元，25%的损耗，这是前损，无花果的保鲜是极其困难的，皮薄，氧化快，

---

[3]　胡海卿：《解密“褚橙”策划团队的又一枚爆款：“黄金富士”》。

正常来讲发货出去烂果会在30%左右，这是后损，成本就到了13元。无花果只能发顺丰航空件，保证次日到达，一公斤首重是22元，每箱还有3元的生鲜费，发货是一箱一公斤，加上包装是按照1.5公斤收费，续重根据区域不同价格不同，平均下来每斤的物流成本是10元，这样成本就到了23元，无花果是定制包装，水晶盒加网袋加泡沫箱加吸水纸加航空冰袋，一套大约8元钱，这样每斤无花果的成本就到了31元了。包装分拣需要人工费，拉货需要运输费，这些费用算进去，一斤加一元钱是正常的，天猫扣点2%，这样算下来，每斤无花果的成本就到了32.64元。还没有算上公司员工的工资开支、公司日常运维费用、直通车油钱、刷单费用等。”这仅仅是成本控制环节，其他还有供应链、上下游、渠道商等几座大山。

所以，对于初创者而言，他们或许更喜欢追求销量和火爆的现象，但对于成熟的企业家，他们在乎的并不是市场占有率，而是稳健的运营体系。

| 第三章 |

重新定义产品品质

日本的学者将当下的消费情况称为第四消费时代，这个时代的消费者呈现出很多特点，比如物质的满足变得轻而易举，从追求名牌到追求个性化产品，从“以物为中心”到“以人为中心”……

在物质匮乏时代，消费是为了满足物质所需，人们对物体本身的需求大于其所代表的符号意义，购买冰箱是为了冷藏食物，购买汽车为了出行方便，购买房屋是满足居住所需，对于一个家庭而言，柴米油盐、食物更多是为了填饱肚子。但在新世纪以后，物质欲望轻而易举地被满足，这会带来一种不幸——物质带来的快感经常转瞬即逝，人们会变得越来越挑剔。

不过，如果你觉得你的用户只会关注情感因素而购买你的商品，把他们看做不理性行为的群体，那么，你就大错特错了。

尽管对于爆品来说，产品本身一定具备能够引发大范围消费的引爆点，在这其中，情感因素和价值观共鸣占据绝大部分因素，但你一定不要认为，站在你面前的消费者像个玩偶一样，任你摆布，他们会随时丢弃你的产品，并对你玩弄他们感情的做法相当愤怒。

因此，你需要明白，你所面对的用户重视情感因素的前提是，你要给他们一款好产品。

新消费时代下的消费者不是不重视基本需求，反而是更加挑剔。

当一个流浪汉饿了三天之后，走进饭店，摆在他面前的无论是什么食物，他都会狼吞虎咽，并称所有的食物都是美食，这是物质匮乏时代消费者的特性。但是，如果是一个衣冠华丽的富人走进餐厅，他要看的是在这个餐厅度过的时间是否愉快，餐厅的环境能不能达到他的要求，菜品有没有特点……不过，他的一切评价都基于餐厅的美食达到了他的诉求，也就是说，首先他认为这个菜品非常好吃，他很满意，才有了情感和体验方面的附加值。如果这家餐厅的菜品达不到他的要求，即使环境再好、服务再体贴，他对你的餐厅的评价也是差评。

看出来端倪了吗？没错，新一代消费者不是丧失了对产品基本功能的诉求，而是要求越来越高了，可以称之为新的消费痛点。

这种挑剔提高了对生产者和服务商所提供的产品和服务的品质要求，作为爆品，意味着要满足所有目标受众的品头评足，要经得起大家的评价，这就要求你的产品品质需要做到极致，并且始终如一。

不管是乔布斯打造的被人们称为极致的苹果产品，还是打破了农产品一致性难题的褚橙，它们并不是在原有产品品质上的修修补补，也不是优化改进，而是打破传统，重新定义了产品的品质，这是爆品必不可少的要素。

新的消费痛点

有很多研究是关于消费者行为及消费者动机的，通俗一点说，商家急需知道人们为什么买东西，他们总是试图研究，什么样的商品能促使大规模的购买发生。

消费者行为研究者帕梅拉·N·丹其格认为，弄清楚他们为什么买，是预测变幻莫测的消费市场的最好办法，人类在不断进步，处于不同时期的人们的消费行为也随之改变，但引导、操控消费者消费行为的消费个性在某一时期是固定不变的。比如，为了省掉5美元而到几公里之外的超市购物的老年人、发展中家庭等，这部分群体中，有些人会随着家庭收入的变化而改变消费习惯，同时也有长期保持固定习惯的消费者。

过去人们将“为什么买东西”称为消费痛点，商家试图找到能够刺激消费的那些因素，从消费者心理出发，刺激他们购买。

然而，消费时代变化，我们眼前的消费者并不是大家想象的温顺的绵羊，他们极具个性，又非常挑剔，表面上看起来，他们是因为你的促销活动、感人的故事、好玩的参与度来购买你的商品，如果你将这些刺激点称为消费痛点，那就像一个只学到了皮毛的学徒，将在花费大量的营销费用后面临销量惨淡的局面。

问题出在哪儿？

你找错了消费痛点。通常情况下，你将能够刺激消费、诱发消费行为发生的因素看做是能够打动消费者内心的因素，可是你并不了解新时代的消费者。

从新的消费形态来说，他们变了，变成体验式消费、情感消费，但从消费行为的本质来说，他们没变，也就是说，他们依然对产品品质有着近乎苛刻的要求。

普通产品尚且如此，爆品辐射范围更广，要同时满足不同种类、不同个性的消费者，能够以超级感染力去辐射大范围消费者，并且让他们产生品牌依赖，这些靠的就是品质。

产品品质，这才是新时代消费者的痛点，是能够刺激他们重复消费、品牌好感、二次传播等所有要素的核心力量。

2015年，财经作家吴晓波有一篇最火的文章，题目是“到日本去买马桶盖”，文章说的只是一种现象，即到日本去购买工业制造品，比如吹风机、陶瓷菜刀、保温杯、电动牙刷，还有就是马桶盖。

作为商家的你想知道，为什么国人舍近求远，去购买价格并不便宜的商品？吴晓波在文中解释称，“其实制造业有个非常朴素的哲学，那就是：做电饭煲的，你能不能让煮出来的米饭粒粒晶莹不粘锅；做吹风机的，你能不能让头发吹得干爽柔滑；做菜刀的，你能不能让每一个主妇手起刀落，轻松省力；做保温杯的，你能不能让每一个出行者在雪地中喝到一口热水；做马桶盖的，你能不能让所有的屁股都洁净似玉，如沐春风……”这就是产品品质的问题。

产品品质是1，营销、体验、服务、包装……都是后面的0，没有前面的1，后面的0再多，也等于0，而如果有了前面的1，后面的0就是产品和品牌的附加值。

很多商家都意识到了产品品质的重要性，不过，也有些产品很棒，却依然无法成为爆品，因为你没有潜入内心，那是爆品思维的另外一个要素。

我们再来看看谁会是商家最大的消费群体。

有报告显示，未来的主要消费群体是新世纪中产阶级。中国的中产阶级人数在未来20年将从2.3亿人增加到6.3亿人。2015年10月份瑞信曾经发布一个数据，当今中国有成熟购买能力的消费者是8亿人，其中6亿人是屌丝，另外2亿人中的一大半，也就是1亿以上属于中产阶级。这些人渐渐成为了中国主流的消费人群。消费升级的可能性，是因为在需求端，出现了亿级中产消费阶层，2016年将是新中产消费的元年。

也就是说，未来的中产阶级消费将给你带来90%的生意。但同时，中产阶级在所有消费群体中对品质要求最高，如果想激发这部分消费群体为了情感而形成羊群效应，进而引发爆品的产生，唯一并且必不可少的前提条件是产品品质。

美国智囊机构文化研究与分析中心的研究员玛格丽特·路金认为，“用收入和财产状况衡量的只是中产的一部分要素。在她看来，中产是一种思维方式，根植于受到的教育、做决定的能力、向社会上层移动的能力、对未来的信心和自我的决心。中产阶级不再忙碌于生活的温饱，而是有机会寻求精神的富足、实现自我。这种价值观反映在消费上，通常就是一种对产品品质的追求，是一种审美的体验。而能满足这些需求的生产商，则需要将产品变得更优质，更人性化和艺术化。”[1]

本书后面会为你分析，占据用户内心的重要性和服务的重要性，但是，你要时刻保持清醒的是，羊群效应的发生建立在消费者对产品本身的认可上，这对于爆品来说非常重要，反之，不重视品质，爆品现象会导致企业走向深渊，甚至会加速衰落，爆品现象会将产品的瑕疵放大到无数倍，历经足够庞大的人群去检验，一旦品质无法保障，负面效应在短时间内会将企业打垮。

对创新要求越来越高

服装设计师每天都在抱怨，几乎每一天设计师都在费尽心思地为消费者展现更美、更时尚的产品，但这些消费者真的被他们打动了吗？从快时尚整体的下滑趋势看出，服装生产商们的确搞不懂消费者真正爱穿什么样的衣服。

消费痛点在于品质，消费行为是感性因素促使的理性行为，这可不是一件好事情。因为，随着消费水平的升级，消费者对品质的诉求点越来越高，

[1] 李皓君：《当我们谈论中产阶级时，我们到底在说什么》。

这就意味着，你会越来越难以满足他们的需求。

营销大师特劳特在他的《与众不同》一书中直言，国际质量机构的研究表明：声称满意的顾客中超过40%的人在更换供应商时毫不留恋（选择这么多，时间这么紧）；拥有某个生产商的汽车的顾客中，89%的人表示他们非常满意，67%的人表示有意从该生产商处再购买一辆车。但是，事实上不到20%的人真的那么做。

这些就是你忙着献殷勤的可爱的顾客吗？他们可以忠实于你，也能够抛弃你。

不得不说，眼前的消费者真的让人难以捉摸，他们的喜好、品位无时无刻不在发生着变化，没有新技术的突破，没有创新，他们随时都有可能扬长而去。

我们拿一个行业来看一下技术、创新与消费的关系。

BP机是20世纪80年代的爆品，1983年，上海开通国内第一家寻呼台，1991年汉字寻呼机问世，到了1998年，中国的BP机保有量已经跃居世界第一，当时，人们用BP机完成基础的通讯功能，这种可移动的通讯产品一跃成为国内最大的科技爆品，而后，人们收入逐渐提高，BP机走入寻常百姓家。直到2007年，在BP机诞生的15年后，中国联通关闭了国内30个省市区的无线寻呼业务，BP机正式退出历史舞台。

手机市场也是如此，很多手机爆品都是依赖于科技上的突破。1987年的“大哥大”是国内第一款手机，摩托罗拉的第一款折叠造型的多彩手机也曾经给第一代手机用户留下深刻的印象，到了这个时候，除了技术，创新已经悄悄发挥作用，在当时所有的爆品中，商家已经注意到了通过创新增加用户的黏性。比如摩托罗拉328c，传统的外形设计改变了，还应用了红、蓝、紫、黄、灰五种颜色，将手机带入时尚领地，成为摩托罗拉手机设计的经典产品。

诺基亚手机也是一样，1999年，诺基亚3210上市，奠定了诺基亚直板机在国内的老大地位，而后推出的“彩壳随心换”系列以创新的方式满足了用户展现自我的个性化需求，这个时候，商家已经意识到要用创新占据市场、打造爆品。

然而，对于当下的时代而言，技术上的大部分难题已经被解决，用技术占据垄断地位、打造爆品的办法不再适用，消费者对品质的诉求点更是水涨船高，基本的技术上功能的满足无法黏住消费者，就像被娇惯的孩子一样，消费者对创新的要求近乎苛刻。

2016年1月，苹果公司发布了2016财年第一财季财报，支柱产品iPhone销量不佳，媒体报道称，这是该产品自2007年问世以来销量增速首度陷入停滞。同样头疼的是iPad的销量，自2013年四季度达到2500万台的巅峰，此后iPad销量一直在下滑，虽然有了创新的iPad Pro在2015年推出，但仍然阻挡不住下滑趋势。

如果问近十年所有行业中最火爆的爆品是什么？答案一定是苹果iPhone产品，但即便是这样，创新依然满足不了消费者的需求，大部分分析师认为，iPhone 产品的销量下滑主要原因还是在于苹果公司近年来缺乏突破性的创新产品，能够给消费者带来惊艳的消费体验，甚至是实现微创新都不足以挽回态势。

上述是最有代表性的科技领域的爆品发展路线，这说明，人们的要求越来越高，依照传统打法去生产产品的路径早就行不通了。

超出他们的预期

让我们来问几个问题：

你为什么购买褚橙？

你最初又是为什么成为果粉？

你为什么要迷星巴克？

……

这些都是一些眼下的爆品，想想看，最初我们为什么要购买它们，消费它们？

时光回到第一次使用它们的时候，我们的眼前浮现出很多场景，我们2012 年收到第一箱褚橙时，打开它，用手剥开品尝，一股清香最先袭来，甘甜、口感适中，难能可贵的是每一个都保持同样的口感。毫不夸张，大多数人品尝到第一批褚橙的时候，这款新的冰糖橙带来了超乎想象的体验，远远大于预期。

那是颠覆我们对传统水果的印象的时刻，因为此前，我们对于水果的印象一直是不标准、不分级，品质不统一，口感不佳。褚橙做到了什么？每一颗橙子都保证同样的口感。人们称，在吃到褚橙之前，从来没有吃过这么好吃的水果，这像是在做梦，像是在意大利、泰国等地度假时吃到的新鲜水果，更超乎想象的是，褚橙赋予了励志的力量，褚橙的背后是一位80岁老人东山再起、二次创业的励志故事。还有比这更让人感动的事情吗？

简单地说，褚橙颠覆了消费者对水果的传统观念。

最初购买苹果手机的场景呢？不管苹果产品如今是否还能重新走上神坛，仅仅想想当初苹果一代的盛景依然让人激动。2007年，在旧金山的苹果全球软件开发者年会上，苹果教父乔布斯宣布推出第一代iPhone，至此，智能手机开启新纪元。它最初被称为“上帝手机”，街头可见大批等候iPhone发售的消费者。

iPhone手机做到了什么？为什么可以迅速引爆？

用乔布斯的话来说，“我们将重新定义手机”，与当时还在流行的诺基亚Symbian手机和微软的Windows Mobile手机相比，iPhone产品的屏幕更大，操作方式更简单，操控体验更好，此外，iPhone的设计堪称艺术品。

一位资深产品经理说道，之所以称iPhone重新定义了手机，首先是产品形态上，iPhone首次抛弃实体键盘，将世界从桌面转移到手上，突破性开发了触摸屏；其次，重新定义了手机应用设计，强调自然人机交互；第三，重新定义手机生态，打造苹果生态圈；最后重新定义了产品文化，在消费者心目中将 iPhone 与科技艺术划为等号。

直白一点说，消费者本身对于手机的诉求在一个满足基本使用和美观的标准线，但 iPhone 产品远远超过于此，它让消费者感受到，科技原来还可以这么完美。

那么，星巴克呢？星巴克为什么在中国被膜拜？

首先，中国除了玩家和发烧友，普通消费者对于咖啡的消费需求基本停留在速溶咖啡和咖啡饮料的层面上，因为咖啡从种植到最后成品历经的工序很长，品控相当复杂，能保证一致性是非常困难的，但星巴克做到了这一点，稳定、快速、容易操作。

到这里，你的心里有答案了吗？

爆品思维下打造的产品要做的唯一事情就是超出消费者的预期，这是一种动态、发展的思维，如果诺基亚掌握了这种思维，说不定在与苹果竞争的品类中还会有诺基亚的身影；如果当年流行的国产品牌能跟随得上时代潮流，满足消费者日益增长的诉求，那么也许如今国产品牌依然占据有利地位。

回过头来说爆品的品质特点，它之所以能够引起大量消费者的追捧，在一定意义上说，它的诞生远远超出消费者对这种产品的传统观念，它完成了消费者心目中那些无法做到的事情。

举个例子来说，最初腾讯微信公众号有一个三年左右的红利期，在这三年内， 大批公众号获得了流量分配权，内容支撑的公众号迎来了春天，如今，再做依托红利而崛起的公众号已不太可能，这个时候，你如何才能做到内容引爆？答案只有一个，生产比用户预期看到的内容更好的东西。

我们曾经做过简单的测试，产品运营人员要想知道自己的内容或者活动能够多大程度上引起共鸣，抛除粉丝基数不说，仅从内容考量，先看看自己的朋友圈一般会转发什么内容，再除去跟工作相关、生活相关的文章，哪类内容是能够达到你的阅读痛点的？答案很清晰，你转发的文章、参与的活动肯定是远远超出你的阅读预期的那一类。

这就很好地解释了 papi 酱、六神磊磊等一批个人自媒体火爆的原因。如今已经成为自媒体大 V 的六神磊磊自嘲道，自己涉足的是一个看起来毫无前途的内容品类，但就是这个极其细分、垂直的领域，六神磊磊成为爆品，原因在于他的内容远远超过受众的预期。papi 酱也是如此，观众对于视频产品的诉求在于产品的视频化，就是说，形式上可以做到视频化，但本质上并没有达到人们对视频产品的诉求点。papi 酱的视频并不是简单的视频产品，它非常适合 A 站的二次元社区，适合观众吐槽和互动，最后达到全民狂欢的境界。

一些互联网创业公司在产品开发中也达到了惊艳用户的效果，一款与 Uber 模式相类似的快递行业产品——闪送，实现了同城一小时送达，专人专送，闲置人力资源共享，带来同城快递业的创新突破。

有谁会拒绝比自己想到的更完美的产品呢？像畅销书、畅销电影一样，如果观看后的感受是惊艳，谁又能阻止爆品的发生？

在通往爆品的道路上，创新、超预期面世、拒绝跟风，方向对了，目标早晚会达到。

改变不能被改变的

通常情况下，爆品与普通产品有着极大的不同，比如它们在品质上都超乎想象地让人们惊艳，它们具备能够撩动消费者购买欲望的激发点，它们能够迅速引起大规模广泛传播，它们能在产品之外包含丰富的情感……

在这些特性中，关于产品品质，就像乔布斯说的，iPhone 将重新定义手机一样，意思是他将颠覆人们对手机的寻常观念，他们采取的做法都是改变了过去人们和企业认为不可能改变的事情。

红塔山这一爆品在这一点上也显现得特别明显。褚时健将玉溪卷烟厂从一个濒临破产的小厂做到全国第一，让积压的产品红塔山走向世界，用的办法就是将现实中的不可能变为可能。

红塔山成为爆品之前，国内的烟叶普遍粗放式种植和管理，1985 年，褚时健去美国考察后认为，云南的先天条件完全可以种出与美国同样高质量的烟草，气候和土质方面相类似，云南的日照长、昼夜温差大，土壤为酸性。

但当时的难题在于管理方式，美国是现代化管理，靠市场手段去决定烟叶种植质量，中国是计划经济体制，产供销分割，种植方法落后，追求产量，根本无法做到保证质量。

世界著名烟草专家、美国农业部烟草研究室主任、美籍华人左天觉给褚时健的意见是：营养上，化肥施得严重不足；发育上，种植时间不科学，种植太晚，烟叶生长期不够，就造成了发育不良；采摘上，时间过早，烟叶还没由成熟到优质地步，就被采摘下来。

这三点问题不但是玉溪地区烟叶种植难题，甚至是全国烟草行业生产资料端的一大通病，这在当时看来是无法跨越的鸿沟，褚时健采取的做法是将车间开在烟田，开始从源头改造品质的第一步，在通海县科委的支持下，他建立起了玉溪卷烟厂的第一个“优质烟叶科学试验基地”，地点选择了通海县的黄龙、云龙、碧溪、九街、大梨等5个乡、14个社，共1342户烟农开展实验。技术团队有云南省烟草科研所的专家、玉溪地区烟草公司、通海县烟草公司的科技人员，组成了优质烟叶科学实验的科技班子。

1985年秋，红塔山的原料烟叶出乎意料，中等烟比例达到了49.25%、上等烟的比例也达到了42.12%，这一比例在整个玉溪地区前所未有。优质的烟叶，给红塔山的优质品质做了保障，为红塔山日后的火爆奠定了基础。

改变不能被改变的事情，这实际上意味着你打通了行业的壁垒。在技术上，像谷歌的搜索引擎和Android系统，代表着最高级别的垄断，在创新上，苹果代表着手机行业品牌势能的垄断，不管是哪种垄断，都是一种爆品必备的品质要素，都在各自细分行业内打破了同行业产品解决不了的难题。

电影《阿凡达》推出之后，它的火爆引起业内一波分析热潮。我们现在从爆品思维的角度来分析，《阿凡达》做到了什么？

在产品品质上，《阿凡达》比电影史上任何一部电影都拥有更完善的技术支持，幕后有48家公司和1858名工作人员，每帧画面平均耗费4万个人工小时，这种技术团队打造出了《阿凡达》在3D效果上的突破性表现。

在用户体验上，《阿凡达》带来了IMAX 3D的观看体验，这在中国电影史上是领先的，电影呈现出来的不仅仅是视觉的神奇，更是颠覆性的盛宴。

因此，我们可以说，《阿凡达》成为爆品，是因为它重新定义了电影，改变了传统电影认为无法改变的事情，可惜的是，而后的电影，少见《阿凡达》这样的作品，他们仍旧在《阿凡达》作品的背后亦步亦趋。

改变你认为不能改变的事情，这可能是爆品思维下重塑产品品质的第一步，接下来恐怕你还要有一系列事情要做。

重新定义产品标准

什么叫做产品标准？

这里包含两个方面：一是国家标准、行业标准，任何一个行业、子行业都有行业标准，产品需要符合标准才能问世。另一个层面是潜在的标准，消费者潜移默化地已经接受了的标准，比如，消费者心目中农产品不存在标准化、一致性，消费者心目中接受了农产品的这种弊端，这也算是一种评价标准；游戏玩家对于产品好坏的标准是接受瑕疵，强调参与感，接受产品不断优化；再如，啤酒是一个感性色彩相对比较浓厚的快消品，消费者心目中的啤酒标准在于情感、口味、口感等。

分析了很多款爆品后我们发现，爆品不但颠覆传统，而且往往重塑了一套自身的标准。

以烟叶的标准为例，上世纪八九十年代，按照中国的标准，优质烟叶的特征是表面光滑、颜色呈缎黄，中国所有的烟草生产企业都按照这种标准去选择烟叶，但褚时健是怎么做的呢？

他从美国考察回来后，对原有关于烟叶质量的国家标准颇有异议，从市场反映来看，以国家标准选取出的烟叶制成的香烟销量惨淡，传统标准是有问题的。经过一系列实验论证，褚时健得出结论，成熟的烟叶应该是不好看的，表面粗糙，颜色橙黄。原有国家标准下的烟叶反而不成熟。

论证之后重新定义产品标准，玉溪卷烟厂全部采用新的标准体系，包括烟叶成熟度、尼古丁含量、糖碱比等，红塔山及其他玉烟产品按照新的标准体系生产，最终，红塔山采用的标准达到了国际水平。

褚时健打造的爆品中，重新定义产品标准的还有褚橙，他制定了一套近乎苛刻的标准体系，每棵树只留 240 朵花；每亩地 80 棵果树；株距 2 米，行距 3 米；每年一般要除 4 至 6 次夏梢……

这是过去农业种植中从未有的。褚橙是按标准化种植的，这套标准不是书本上指导的，也不是专家总结的，更不是传统方法的规律，而是褚时健在这些规律基础上不断试验总结出来的。

重新定位标准，意味着付出巨大的代价，不过，想想看吧，做零售的企业如果按照传统方式，那就不会诞生沃尔玛；做电商的如果不打破规矩，就不会诞生京东；做互联网的公司如果还在延续过去的产品思路，那么平台大战来临的时候，他们会被杀个片甲不留……

该怎么办呢？唯一的出路就是打破标准。

看看ZARA，在服装业整体日薄西山时，靠供应链和快时尚改变行业生态链的标准。再看看星巴克，传统咖啡店的潜在标准是靠地面连锁和服务打动消费者，星巴克却能把控整个供应链，保证每一家星巴克的每一杯咖啡口味相同。

中国最大的电商平台阿里巴巴靠抽取中小企业的利润作为盈利来源，京东商城一直亏损，逐渐从垂直细分平台向综合性平台过渡。这些就是电商平台的行业标准。

但是亚马逊呢？至今为止，人们认为亚马逊的最大创新是它的会员服务。亚马逊 Prime 副总裁 Greg Greeley 曾经在接受媒体报道时说："我们不会公布这个数字，许多竞争对手想知道，但是这个数据对公司至关重要。"

PBC 的分析师 Mark Mahaney 曾公开说，据调查，Prime 的总会员数在4000 万—5000 万，2016 年预计会达到 8500 万。

在电商行业开拓出坚不可摧的会员服务，这是亚马逊的制胜法宝，也是亚马逊成为爆品不可动摇的因素之一。有人说，亚马逊是带着大把的会员重塑了电商行业的标准，这一点也没有错，我们来看看 Prime 给亚马逊带来了什么。

其一，产生数倍于非会员的消费；电子商务服务商 Channel Advisor 的斯科特·维果认为，亚马逊 Prime 会员的年消费支出约为非会员的四倍，并占据亚马逊平台上所有消费者支出的 50%。

其二，刺激其他用户的购买，盘活 Kindle 的内容消费。

亚马逊的大量活动都是增强会员服务，包括购买影视版权，供会员免费观看，开发节目内容，提供免邮费活动，提供更多数字内容服务等。

这个会员服务对于亚马逊而言是最有支撑力的业务，盘活了亚马逊的整体业务，改变电商行业的盈利模式。

重新定义产品标准甚至是行业标准，尽管艰难，但也意味着产品的品质超越同行标准，离爆品不远了。

解决行业痛点

很多已经成为流行的企业在广告语中毫不掩饰其对于行业的贡献。

国际物流公司 UPS 这样描述：只有好消息，比我们早到。

飞利浦称自己为尖端科技的标志。

只溶在口，不溶在手——M&M 巧克力。

这里不创造产品，但创造产品的灵魂，马丁—艾曼广告公司。

……

它们强调的是与其他企业的不同，本质上说的是解决了行业的痛点，纵观所有的爆品，他们解决的并非一个固定群体用户的痛点，也不是小规模的优化提升，而是整个行业的痛点。

让我们列一个清单，世界上堪称爆品的前十个品牌是什么。

清单上我们看到，苹果、谷歌、微软、可口可乐、沃尔玛、IBM、亚马逊、通用电气、麦当劳、沃达丰。这些都是名副其实的全球知名品牌，从长销和品牌影响力而言，他们都堪称全球最火爆的品牌。

随便拿出几个品牌，分析他们的成功之道，比如，苹果，在手机企业都在使用在微软 Windows 操作系统和 Inter 处理器等操作系统时，苹果公司依然开发出自己的操作系统，解决同行企业受制于软件的弊端。在商业模式上，软件受制于系统平台管控，苹果产品却通过“iPod+iTunes”的组合开创了一个新的商业模式，从电子产品生产转变为以硬件终端为依托的内容服务提供商。

再比如沃尔玛，传统零售业的通病是价格多而乱、服务效率低、货品更新慢。而沃尔玛的秘密就在于解决别人没有解决掉的痛点问题。

应对货品多价格乱的问题，沃尔玛一共有 2 万多类商品，各种商品之间进行组合，当你认为沃尔玛的产品很便宜的时候，实际上是受了商品组合的混淆，沃尔玛通过低价产品吸引消费者进入，在纷繁复杂的各种品类之中，体现了沃尔玛不卖便宜产品的理念。知道这给沃尔玛带来什么了吗？答案是高达 77% 的利润。

传统零售企业一直很难解决上货速度问题，对于零售企业来说，货品新鲜程度是消费购买的第一刺激因素，但保证货品新鲜同时带来损耗和库存风险，但沃尔玛是世界上上货最快的零售商，解决方案就是通过与 POS 机相连的计算机发送用户数据，连通沃尔玛总部和 5000 多家供应商，沃尔玛的计算机系统有 4000 千兆容量的数据库、5500 多个工作站以及不计其数的服务器和 PC 机，保证了沃尔玛能在一个小时内对全球 4500 多个店铺内每种商品的库存、上架、销售量全部盘点一遍。

同行业零售企业平均两周补一次货，沃尔玛可以做到每周补货两次，这加速了沃尔玛货架上的商品流传速度，为了保持这种上货频率，沃尔玛有一套链接系统让供货商及时知道他们的产品在沃尔玛卖得怎么样，销售端决定供货端，加速了周转。

实际上，你所见到的所有被称之为爆品的企业都是这样做的，比如前文所述的美国比阿特丽斯公司生产的奶球产品，在它问世之前，已经有好时、雀巢、士力架等牌子的棒棒糖，从品牌潜入角度来看，既有品牌在消费者心目中坚不可摧，后加入的品牌几乎毫无机会。

你可以想象，如果比阿特丽斯公司继续生产棒状糖果，后果将会怎样？

奶球作为跟随者，跟老大去抢夺一杯羹，推广成本费用不说，要想撼动消费者的既有消费习惯，几乎是不可能的事情，奶球产品的结局很可能是激不起一点浪花。

奶球公司怎么做的呢?

第一步找到整个行业痛点，所有棒状糖都有一个弱点，一个孩子在两三秒内就能吃掉一根售价30美分的好时，孩子经常会不满，他们会抱怨，零花钱买不了几块这种糖，而且他们更愿意相信是生产商缩小了棒状糖的尺寸。

这时，奶球的公司开始着手于改变这个行业的痛点，这是第二步工作，他们发明了用盒子包装的产品，将棒状改变成为15颗包着巧克力的焦糖，这下，其他企业没有解决的痛点被奶球公司发现并解决掉了，这种改变让比阿特丽斯食品公司销量大增，成为行业内的爆品。

解决整个行业的痛点，这一步骤完成后，企业成为领先者成为必然，接下来的事情就顺理成章了，成为领先者的企业同时一定是爆品企业，这一点是毋庸置疑的。

引领整个细分领域

你听过的褚橙最大的成就是什么?

大多数人都知道：褚橙引爆了市场，全国范围内大部分人都知道褚时健先生的励志故事和褚橙。

褚橙是中国水果第一品牌，在褚橙之前，没有一款农产品具备强品牌属性。

你可能还会说，褚橙的成就是改变了农业的标准化种植和农产品的一致性难题。

或许回答也就到此为止了，但我要告诉你，褚橙的最大成就是带动了整个脐橙细分市场的繁荣。

褚橙之前，赣南脐橙和湖南冰糖橙在市场上只有产地概念，价格参差不齐，销量不稳定。褚橙爆发之后，整个中国的脐橙市场迎来一波火爆期，第一是价格，褚橙拉动高端水果的整体价格趋势，带动农产品分级、包装、营销的发生；第二是品牌效应，褚橙之后，云南新平县冰糖橙产地和四川雷波脐橙及赣南脐橙都迎来品牌红利，消费者对于褚橙的品牌溢出效应发生在其他脐橙品类中。

此外，褚橙还发生了一些你不知道的带动效应：

1. 从散供到标准装供货，带动包装标准化；

2. 从低端到中高端定价，引领行业价格集体上行，精品与国际水果持平；

3. 运作思路的示范效应，在橙类市场内几乎形成流水线效应。

这是爆品的力量，不是占据市场，而是引领市场。

小米手机从2011年10月上市至今已有5年的时间，5年中，小米一度成为国产手机的爆品品牌，一度又被疯狂的后来者赶上，但是，在几乎所有现有的国产手机中，不管小米手机的销量是否下滑，市场占有率是否降低，小米手机依然是爆品。

为什么这么说呢？答案并非是因为小米手机在2014年和2015年连续两年在中国市场居于领先地位，更重要的是小米手机引领了国产手机行业，国产手机的使用比例大幅度提升，全线崛起。

小米创始人雷军说："我觉得小米的价值还不在于小米做得怎么样，小米带动了整个行业的进步，因为小米就像脸一样，它带来一种全新的颠覆性的模式，你不往前走就得关门，我们推动了全行业的进步。"

看看你身边的所有爆品，几乎都具备了这种功能，为什么？因为他们把产品品质的范围扩大了。褚橙并不是种出一颗好吃的橙子那么简单，小米手机也不是把国产手机造出来而已，它们的产品突破了行业原有的标准，将产品品质从研发延伸到最终营销的所有环节。可口可乐的成功不仅在于重新定义饮料的品质，还在于可口可乐产品中融入的情感因素，这涉及它的所有营销战略，IBM的客户解决方案不见得完美，但它始终以客户为中心，定义了服务商的角色。坚果品牌三只松鼠最初推出的碧根果，除了好吃之外，将个性化、服务、体验融入品质环节，一上市就赢得广大消费者的心。

重新定义产品之后，产品带动了整个行业的发展，这是成为爆品的必经之路。

成为领先者

要知道领先者意味着什么，火爆、位置牢靠、垄断利润。

这些都是爆品的特性。

爆品思维永远不提倡跟随战略，一方面，跟随者难以撼动领先者在消费者心目中的地位，另一方面，跟随者想在品质上做到颠覆近乎不可能。

水果品牌柳桃是个有趣的例子，褚橙成为中国第一品牌水果之后，引发一批名人水果热。柳桃是紧接着而来的，柳桃拥有良好的品质、名人背书、极具竞争力的渠道优势，可以说，柳桃这个产品集聚了所有爆品的要素。

但是柳桃上市后，发生了什么？

经销商们蜂拥而至，期望得到这款像褚橙一样能够给他们带来高额利润的第二款爆品，但结局大相径庭。柳桃并没有在消费者心目中留下品牌印象，相反，他们通过褚橙已经建立起来一个对水果的高标准之后，柳桃很难翻阅这道围墙。

这就是跟随者的尴尬，领先者自然而然地成为爆品，因为它重新定义了行业内普通产品的品质，一旦这种品质形成，消费者的标准随之提高，留给跟随者的境地是可以想象的，也就是说，你几乎不可能突破已经高蹈特出的标准体系。

联想集团的柳桃没有成为爆品，但它旗下的佳沃蓝莓却做到了。

与猕猴桃相比，蓝莓天生具备一些优势：用户认知上存在盲点，初始标准低，尚且没有强品牌出现，佳沃蓝莓近两年迅速占据市场，在产品端种植出比同行业品质更好的水果，加之渠道成熟，品牌效应强，在蓝莓这个细分领域牢牢站稳脚跟。

因此，爆品思维告诉你，不要采取任何的跟随战略，如果细分行业内群雄而立，那么，就做到领先者的地位。如果领域内出现老大，那么，你可以继续细分下去，在更小的行业内成为领先者。

就像 IBM 是不折不扣的爆品公司，但在复印机市场，施乐一直保持着 10 倍于 IBM 的复印机市场份额，柯达的成像照相业务带着巨额资金优势，却最终败在宝丽来的门下。

爆品始终属于领先者，当然，你要举出百事可乐和可口可乐在历经 100 多年的营销大战中同时成为爆品，麦当劳与肯德基双雄并起的例子，我要告诉你，真正的爆品不在于火爆的现象，要从用户钟爱度和市场占有率来分个高下，你会发现，可口可乐卖出 6 瓶可乐的时候，百事可乐一般最多只能卖出 4 瓶，用户绝对不容许可口可乐在配方上做出任何形式的修改，他们在可口可乐上倾注了太多的情感。

肯德基与麦当劳的情况更不一样，实际上，在美国快餐业，真正的爆品另有其人，肯德基与麦当劳在美国市场都逊于美国地道汉堡 In-N-Out Burger、墨西哥烧烤快餐店 Chipotle Mexican Grill 和福来鸡快餐连锁 Chick-fil-A 等企业。在快餐行业中，美国地道汉堡在食品质量、价值以及服务方面位列第一。餐馆连锁店 Fresh Mexican Grill 成为墨西哥美食品类中排名第一的快餐企业，紧随其后的为墨西哥风味快速便餐 Chipotle Mexican Grill。在炸鸡连锁店的排名中，福来鸡快餐连锁排名第一。

还有一家非常有意思的美国企业——达美乐披萨，这是全球知名的比萨品牌，1997 年首次进入中国，截至 2015 年，在中国北京和上海开了 79 家门店。

达美乐比萨获胜的关键是永远比别人快，言外之意，永远做到了领先。《科技日报》撰文称："达美乐最大的优势不是外卖速度，不是 IT，更不是创意营销，而是超前一步的思维。当别人都在做扩店营销的时候，它开始做外卖。当别人在接电话送外卖的时候，它开始通过网络接订单送外卖。当别人都开始通过网络接订单的时候，它已经把自己打造成了一家 IT 公司。真正做到了'人无我有，人有我精，人精我专'的程度。"

打败所有其他的

打车软件市场，你能说得上来几个爆品品牌？

Uber？滴滴打车？或许你记得的也只有这两家企业。滴滴和快的合并的时候，有评论员嘲讽，本土打车软件市场中的老大和老二合并了，同时意味着排名老三到老几十的企业全部死掉。

很残酷，但事实上就是如此，在没有技术壁垒和创新垄断优势的行业中，做不到爆品，就等于死亡。以打车软件为例，技术门槛并不高，产品同质化，你要做的是打败所有其他的产品。

我们来看看滴滴与快的打败的产品。

中国打车软件的开山鼻祖摇摇招车，2012 年 2 月上线，在国内是最早的，曾经占据北京市场，但是第一个进入市场的不等于领先者，摇摇招车失败的原因是抢占市场速度慢，加上与投资方的对赌协议，虽然辉煌时期有五万司机同时在线服务，订单成功率 85%，一样没有逃脱被打败的命运。

百米打车是北京市场上较早的打车软件，它输在了资金跟不上。大黄蜂打车曾经是称霸上海滩和江浙沪包邮地区的打车 APP，但是很快被快的收购，当快的与滴滴展开资本较量时，大黄蜂成为盘中食

其他的品牌还有嘟嘟轿车、堵车么、打车小秘、拼豆……

如果你不是苹果，那么在爆品面前，你的产品难逃衰败的命运。而对于爆品而言，你的竞争对手是所有其他的产品。

打败所有其他竞争者，你就是超级产品，也就是永远不可替代的爆品。

越简单越极致

福特先生一生都在致力于生产制造更加简化的产品。他认为，市面上的几乎所有商品都很复杂，无论是事物，还是服装，还是家居用品，本来商品可以更加简单，但生产者从来不会替消费者着想，他们总是想方设法

地让产品变复杂。

但他们不这么想，他们将这种办法称为创新，他们总是觉得，个性化、多样化意思就是在原有产品上增加一些酷、炫的东西，他们认为这些都是消费者喜欢的东西，而后在生产和流通环节中处处节省成本，导致产品品质受损。

事实是这样吗？

很多企业家都已经强调了，少即多，越简单越极致。

“给产品增加多余的重量，就如同给马车夫的帽子加帽章一样荒谬。不，比这还要荒谬。至少加了帽章，马车夫还能分辨得出哪一顶是自己的帽子。可多余的重量就完全在浪费能量。真不明白，怎么有人将重量等同于力量。要是打桩机，还说得通。可要是不打算打桩什么的，要个庞然大物有什么用？”[2]福特在他的自传书籍里说道。

的确没必要这样做，给一双靴子粘上翅膀，靴子不但飞不起来，就连走路都变得困难，给产品加一些附加的功能，往往都会本末倒置。

去掉多余的部分，产品简单、再简单，成本将降低，消费者接受起来更容易，成为爆品的可能性越大。

如何让消费者毫无压力地购买产品？有人说，不要让消费者做选择题，直接做判断题，要或者不要。实际上，好的产品不会让消费者做题，他们

---

[2] 亨利·福特著、张舟译：《超级产品的本质》，江苏文艺出版社，2012年9月版。

会以最简单的方式回应消费者的诉求，就相当于饿了要吃饭，渴了要喝水一样简单。

让购买产品成为条件反射，这是爆品思维所提倡的。

所以说，当你有打车需求，直接产生使用Uber和滴滴的想法；当你想解决服务器方案，你马上想给IBM的代理商打电话；当你想购买书籍，直接点开亚马逊的网页。

丰田汽车精益管理的一个思想是“杜绝一切浪费”，也是其取得成功的关键。丰田认同的价格公式是“利润 = 销售价 - 原价”，而不是“销售价 = 利润 + 原价”，这两个公式不是简单的数学中左移的问题，而是企业如何看待价格的体现。“利润 = 销售价 - 原价”代表着企业必须降低原价、降低浪费才能获得最大利润，杜绝一切可能的浪费是获得利润的根本方式。[3]

简单意味着极致，福特先生在《超级产品的本质》一书中这样建议：“我们应先着眼于产品的简化。第一步，把关产品质量，看它是否提供最好的服务，第二步，检查所用材料是否为最好，还是只是最贵而已。第三步，产品还有没有更简便也更轻便的余地？以此类推。”

我想，这再清楚不过了吧？

[3]　彭剑锋、白洁、周禹：《丰田传奇》，机械工业出版社，2010年2月版。

比好更重要的是稳定

星巴克不能给你提供世界上最好喝的咖啡，但他能够保持品质稳定。

星巴克新鲜改革门店的业务主管凯文·彼得里斯曾经说道："消费者的信任是指，他们想要知道不管他们去哪一家星巴克门店，不管是在圣安东尼奥、檀香山，还是在巴黎，他们都能够喝到一样的饮品。"[4]

星巴克的管理只有一个版本，从北美大陆到世界各地，任何一家星巴克门店都使用这套管理体系。

星巴克让每一杯咖啡都保持相同口味，它是怎么做到的？

从咖啡豆的选取开始，星巴克的选材必须经过专家严格品评才能进入生产环节，有消息称，星巴克的咖啡品评专家每年要品评10万杯以上的咖啡。

星巴克有一个口号：将每一粒咖啡的风味发挥到极致。这靠的是精准的烘焙程度，每个环节都严格执行星巴克的标准。人们称，星巴克是把热气腾腾的咖啡连同星巴克的经营模式一起卖给顾客。

星巴克会对推出的每一个新产品进行长时间的研发和测试，在面向消费者之前，星巴克会提前预测所有可能出现的风险和困难，现场测试鼓励

---

[4] 约瑟夫·米谢利著、周芳芳译，《星巴克领先之道》，中信出版社，2015年1月版。

咖啡师如何完善产品一致性，所有的目标都指向产品的稳定。

在《星巴克的领先之道》中，作者约瑟夫·米谢利深入解读了星巴克内部领导力的魅力，约瑟夫讲述了星巴克是如何保证产品稳定性的：

凯文说：在对新产品进行测试时，我们会根据顾客的意见对产品做出调整，我们把饮品混合器交给伙伴们，并告诉他们，在茶叶中放入柠檬汁，按照配方加入适量糖浆，摇动混合器10秒后打开盖子，然后把手摇饮品注入杯子里，这样做出来的饮品色泽漂亮诱人。为了保证产品的一致性，便于产品销售，在试售门店咖啡师进行测试时，旁边观察的星巴克伙伴可以向咖啡师提一些问题。咖啡师通常被问及的问题包括饮品调制的注意事项，新款混合器的功能，调制过程中的感想等。

同样，国民辣椒酱品牌老干妈，不是最好吃的辣椒酱，但确实是辣椒酱里最火爆的品牌。

老干妈赢得全世界华人消费者的心，靠的是什么？随机提问，你会得到这样的答案：

口味好

在哪里都能买到

辣椒原料有保证

老品牌

……

其中，老干妈顾客中反馈最多的是老干妈常年如一的品质保证。与星巴克一样，无论你在全球任何一个地区任何一家超市，买到的老干妈辣椒酱口味都保持基本一致，并且始终如一，产品品质高度稳定让老干妈当之无愧成为辣椒酱品类第一大爆品。

稳定性的案例还发生在褚橙上，褚橙基地周边的农民有时会种出品质更好、口感更佳的甜橙来，但有一次，褚时健先生反问一句：你能保证你种植的每一颗甜橙的口感都一样吗？农民不说话了。

就是这个道理，品质好远远不如品质稳定来得重要，尤其是本书探讨的是如何成为爆品，而不是讲的如何让你的产品好卖。爆品与好卖之间存在巨大的差异，我们介绍过，前者是产品所有势能在短期内的集中释放，而后者仅仅是一瞬间的销量火爆。

谷歌重新定义了公司，苹果重新定义了科技，褚橙重新定义了水果，IBM 重新定义了服务商，他们都是爆品，具备统一的要素——重新定义。

| 第四章 |

不是占领市场，而是赢得用户

2003年年底，出生在犹太人家庭的马克·扎克伯格又酝酿出了一个想法，此时，他刚刚关闭了他的第一个试验产品Facemash，尽管Facemash上线几天就被哈佛大学关停了，但马克惊喜地发现，哈佛版美女评选网站Facemash竟然如此受学生欢迎，上线第一夜就有450位访问用户，2.2万页面浏览量。

马克想，Facemash拥有这么多狂热的用户，人们近乎狂热地去网上查看他们的朋友，我们是不是可以建造一个网站，把现实的社交复制到网络上？

为什么不呢？

这个想法简直太让人兴奋了，也是这个创意让马克在Facemash叫停后立即重新开发了一个网站，这一次，他称为它为Facebook。

让我们看看这个天才在随后几年收获了什么！

2004年2月，Facebook俘获了哈佛大学半数以上的本科生，而后Facebook风刮到了美国大部分名校，两个月后，常春藤院校和其他一些学校的学生也加入进来，再往后，Facebook席卷全球。

一家科技媒体对马克的评价是，“这个超级聪明的孩子在他的哈佛大学宿舍创造了一种科技现象，然后他辍学，改变了这个世界。”

改变世界还不足为奇，人类如此浩瀚的历史上不乏改变世界者，更让人赞叹的是Facebook在全球的火爆程度：

Market Watch报道过，Facebook是多大程度的爆品？

每天超过10亿人使用Facebook；

浏览Facebook频率超过读《圣经》；

超过1/4的美国人在上厕所时浏览Facebook；

在Facebook花费的时间与人们洗漱打扮一样多；

超过1/10的用户半夜醒来会浏览Facebook；

祖母也上Facebook；

……

很神奇吧？Facebook成为大爆品，是因为创新吗？是科技的力量吗？是因为Facebook上最初有美女照片吗？

恐怕不是，科技观察家说，Facebook火爆，因为它做到了有人情味，它是有人情味的网络社区平台，正因为它有人情味，它才俘获了10亿用户的心。Facebook意味着分享、开放。

《圣经》出版了这么多年依然经久不衰，至今为止是全世界发行量最大、阅读者最多的图书，书中耶稣说：“我实在告诉你们，就是到天地都废去了，律法的一点一画也不能废去，都要成全。”这是一本图书作品传递出来的魂，即使时间远去，世代更替，也抹杀不掉圣经在用户心目中植入的这种魂。

事实上，你想成为用户心中的爆品，市场占有率不重要，再大的市场占有率也只是一时的辉煌，销量更无足轻重，有时候销量越好越意味着亏损和用户流失，那么，重要的是什么？真正地嵌入用户的心里，哪怕沧海变幻、岁月更迭，都无法动摇你在用户心目中的爆品地位。

爆品思维没办法教你生产爆品汽车，也没办法教你打造人尽皆知的火爆产品，爆品思维是一套思维方式，用这种思维去打造你的任何产品都适用。因此，本书教你的是如何像Facebook、Uber，像《圣经》一样，在你的用户心中永远是爆品。不管你是造钢铁的企业，还是做O2O的餐饮平台，抑或是街边卖食品的传统零售商，只有拥有一套正确的思维方式，才能成为用户心中永远的爆品。

你永远不知道他们在想什么

汽车大王、制造了爆品T型车的亨利·福特有一句名言："如果我当年去问顾客他们想要什么，他们肯定会告诉我：'一匹更快的马。'"

这是福特回忆在设计汽车之前对于用户的理解，那是个老掉牙的故事，福特萌生设计汽车的想法后，到处去询问人们，"你需要一个什么样的更好的交通工具。"几乎受访的所有人都回答了一个答案："我需要一匹更快的马。"

100年后，将苹果手机做成世界级爆品的史蒂夫·乔布斯对福特的名言深信不疑，乃至他在进行苹果系列产品的开发过程中，从来不看用户调研报告，乔布斯一度称道："人们并不知道他们到底想要什么。"

研究者们将用户需求分为很多个层次，包括显性需求和隐性需求，他们将用户反映出来的表象称为显性需求，需求背后的动机称为隐性需求，为了探求用户的真实需求，产品经理发明了场景，用场景分析和数据模型研究用户的真正喜好。

然而，像1985年可口可乐那场声势浩大、长达两年的，关于新可乐的研究调查结果一样，企业像傻瓜一样被用户愚弄了。

营销史上没有人会忘记新可乐的那次营销活动，1983年，可口可乐公司开展了19万次的品尝试验，号召来自全球的各个年龄层的用户参与试验，用一系列数据（百事可乐在年增速、市场份额、消费者忠诚度等等方面的数据均领先于可口可乐）证明，可口可乐的下滑来自于消费者的口味变化。

对此，可口可乐公司对配方进行大规模调整，坚定地推出了新可口可乐，新可乐被赋予了重复老可乐爆品现象的使命，在上市当天，公司就邀请了1.5亿人品尝了新可乐。

然而，后果近乎灾难性地砸向可口可乐公司，大规模的投诉，5000多个抗议电话，甚至有消费者用辱骂来表示愤怒，他们称做出修改可口可乐配方的人简直就是笨蛋。

反思可口可乐这次新产品的推出，无论从数据分析，还是调研报告上来看，都是科学而严谨的，新配方更是基于一系列的试验，对口味测试实行了大规模的监测，从理论上来说，基于上述做法而推出的新可乐应该成为爆品，那么，为什么这场营销活动变成了灾难了？

答案是忽略了用户的情感，人们对可口可乐的情感超越了对产品本身的诉求，可口可乐从诞生开始就为人们带来怡神畅快的美妙感受，人们对情感的共鸣远远大于对口味的诉求，如同互联网创新管理专家罗浩在《用户体验》一书中解释称，“唯一研究人类心理学而获得诺贝尔经济学奖的学者丹尼尔·卡尼曼，从洞察人性的角度思考价值所在，他的研究表明，无论是大学教授还是小学学生，表面上都是用理性的思维多维度分析而得到决策，而实际上人的内心判断却是从感性的角度进行直线思考。”

这是对用户的准确描述，也就是说，当你用需求理论、场景分析、数据算法等种种工具去分析用户的喜好时，用户很可能因为一句我就是不喜欢跟别人购买同样的产品而宣告丢弃你的产品。

很可怕吧？事实就是这么残酷，因为你永远也不知道用户心里想的是什么。

锤子手机 T1 研发出来的时候，其创始人老罗深感欣慰地认为，锤子手机满足了很多人性化的需求，比如九宫格的设计、强迫症患者的选项、单手操作选项等，它毫无疑问地可能会成为爆品，锤粉们也不断为这些设计叫好，高呼要购买这种情怀产品。然而，产品上市后，很多用户在论坛里吐槽锤子手机的设计，“九宫格的设计像是给我奶奶用的”“我实在想不通设置一个强迫症选项能有什么实际价值”……

魅族也遭遇过用户迷惑，虽然魅族算不上超级爆品，但实际上，在魅族论坛上，粉丝们对黄章及魅族产品的追随不亚于爆品，不过，早期魅族论坛上曾经有一阵呼唤“短信横屏”的声音，调查问卷同样显示，回答需要的人更多，不过，这时，需不需要优化这个功能？一条短信简短到两三行，横屏后界面被拉伸，会不会影响阅读？最终，魅族取消了支持横屏短信的版本。

这个时候，用户调研是会欺骗人的，市场占有率也会蒙蔽你的双眼，想要打造真正的爆品，要做的是如何潜入用户的内心。

不是需求导向，而是潜入内心

正因为你从来都做不到掌控你的用户，甚至他们自己都不知道自己真正要的是什么，因此，爆品思维不能够从需求导向出发，你要做的是潜入用户的内心。

盛大游戏创始人陈天桥说过：“游戏是真正的直击内心的东西。从辩证法来看，形式越是千变万化，越能够直击内心，反过来讲，越是想直击内心，就越不能拘泥于形式。商业模式的变化也是这样，我们什么都可以丢弃，但是不能放弃对人性的掌握。”

褚时健先生也是一位洞悉人性的高手，在红塔山的爆品打造过程中，他从过去小青年抽洋烟现象出发，到发展成国人抽红塔山有面子的现象，这些努力中，他从未放弃过对人性的捕捉。

与常规产品不同，爆品是能够具有大面积感染性，能够激发群体心底需求的产品，它能够在短时间内形成引爆的力量，具备这样的势能的前提是你有要非常懂你的用户。

1954 年，心理学家马斯洛出版了影响深远的巨著《动机与人格》，直至今天，书中提出的人类的需求五层次依然被作为当下各领域人士研究分析的出发点。

需求层次理论解释了人类行为的所有动机，生理、安全、爱与归属、受尊重、自我实现。

做产品的企业借用马斯洛的需求理论，他们需要知道产品究竟要满足哪一个层面的需求才最有效果。在上世纪七八十年代，第一代消费者注重的是生理上的需求，这个时期产品更多从功能性出发，满足这个层面的需求即可。但，遗憾的是，当下时代的消费者有了太多的变化，他们渴望被尊重、渴望自我实现、渴望情感的共鸣。

我们看看那些爆品是怎么满足用户这些需求的，他们如何走进用户内心？

毋庸置疑，在我们研究的爆品案例中，对用户内心捕捉得最好的是史玉柱先生。

财经作家吴晓波曾评价说，史玉柱是中国最懂人性、把营销做到极致的人，史玉柱至今打造过三种爆品，巨人汉卡、脑白金为代表的保健品、征途游戏，这几大爆品无不是深谙人性，并用到极致。

如果用艾·里斯、杰克·特劳特的定位理论来衡量，脑白金的成功得益于它精准的定位，这种定位让脑白金至今都是消费者心目中的爆品，无可替代。脑白金的定位是什么？答案只有两个字——送礼。

1997年，史玉柱遭遇巨人大厦的滑铁卢后，发现保健品行业商机，随后研发推出脑白金，从问世到畅销，每一步都是史玉柱爆品思维的精心布局，可以说，脑白金的火爆是一种必然现象，其中对用户心理的把握一直受人们称道。

史玉柱用70%的精力去研究用户，他对用户的理解建立在大量的调研上，这种调研并非以数据和报告考量，而是真正深入人心的对话。

脑白金定位为送礼最初来源于史玉柱对消费者心理的把握，在有一次脑白金的试销中，史玉柱带着几个人去公园实地调研，公园里有一些老人在聊天。

史玉柱走上前去问道，你们知不知道脑白金？

老头老太太们回答，知道。

其中有一两位说道，他们是吃过的。也有些人说有兴趣，但是没吃过。

史玉柱问，为什么不吃呢？

他们回答：因为买不起。

……

这场聊天下来，史玉柱发现，中国的老人对保健品是有需求的，他们的收入水平也能够消费起，但为什么他们不买？原因是自己舍不得花钱。而后老人的回答让史玉柱陷入思考，除非别人买给他们吃，他们才愿意吃。

这就是脑白金定位为送礼的最初源动力。

史玉柱是一名营销奇才，脑白金能够成为爆品，离不开他一步一步带领脑白金走入用户的内心。

第一步，占据用户心中的一席之地。史玉柱用了一系列的营销手段让脑白金潜入用户，他曾说，“除了生产，我们最大的支出是广告，但还是要把每一分钱掰成几瓣用。”史玉柱用反常规、重复出现、固定时期出现、广告最差产品最好等等营销手段，促成了脑白金的火爆。

第二步，成为用户心中不可替代的代名词。实验数据表明，90% 的老年人只认送礼只送脑白金，在他们心目中，脑白金是送礼的代名词，这是史玉柱在打造爆品中，潜入用户心理的最大体现，潜入心智，成为第一，不可替代。

自 1997 年问世到 2008 年，脑白金销量稳步上升突破 100 亿元，截至 2016 年，畅销保健食品市场 19 年，市场份额超过 10%。

这是个很可怕的数据，因为在 1997 年到 2016 年的 19 年间，中国经济发生了翻天覆地的变化，互联网颠覆了它所波及的一切商业业态，仍旧在用户心中的爆品所剩无几，要么进化、要么死掉，但史玉柱当年打造的脑白金产品到今天同样占有一席之地，说明潜入用户心智的巨大作用。

在网游领域的爆品——征途上，史玉柱饱受批评，但他洞悉了人的本性，包括欲望、贪婪、权力、友爱……史玉柱深谙人性，并且肯在产品和营销上花费心血。与其说史玉柱善于打造爆品，不如说他已经掌握了开启爆品的密码，他拥有了爆品思维方式，乃至他做任何一项产品都会大获成功。

反思一下，你跟史玉柱的差别在哪儿？你是不是每天围绕着用户的不确定性需求出发，看着不知道是否该执行的用户需求反馈表，不了解你的用户的真实想法？或许，你该改变的不是产品思路，而是试着改变一下你的思维方式了。

卖梦想不卖方案

很多人对爆品的理解都在产品上，毕竟每天媒体狂轰滥炸夸大爆品的种种新闻，他们往往在数字上做文章，7天销售过千万，一年营销过亿，我们的脑海里充斥着这种概念，爆品就是卖得火的产品。

但实际上，深入到商业环境中才发现，爆品与火爆是无关的，你吃的香蕉大多来自于叫做都乐的品牌，你给孩子食用的牛油果几乎都来自于一家叫做兰涛国际的外贸商。

到了自己做企业时，你更会对此感同身受，在我们研究的小企业案例中，有些是因为每个月卖上万单爆品而造成倒闭的，也有些企业越来越发现，产品越火爆，由此带来的人力、物力、财力成本相应增加，由爆品带来的成本投入远远大于收益，并且导致你无暇顾及体系的搭建。于是，你越来越发现，打造爆品需要改变思维，爆品与产品无关，与火爆也无关。

到底什么是爆品，我们前文已经叙述过，那么，爆品思维的核心是什么？应该是从用户角度出发，占据他们的心智，这样，无论你打造什么产品，或者你打造个人品牌，都会成为最大的爆品。

尝试着把你的思路打开，你会发现生活中，有很多人、很多产品本身才是爆品。

我们看迄今为止发行量最大、影响最大的《圣经》。如果将《圣经》看做是一款产品，那么全世界没有一种爆品能与之相比。

《圣经》是全世界印数最多、发行最广、翻译文种最多的书籍，吉尼斯世界纪录大全已经收录，联合国公认，《圣经》是对人类影响最大、最深的一本书。西方社会的精神信仰和行为方式至今都受《圣经》的影响，国家元首的就职、法官判案、婚礼宣誓……人类的行为都在受《圣经》的指引。《圣经》不仅仅是潜入了人们的心智，而是成为人类行为的精神指引。

为什么《圣经》有如此巨大的力量？

因为，这部著作记载了古代中东乃至南欧一带的民族、社会、政治、军事等多方面情况和风土人情，这种经典著作构建了人类所需要的所有价值体系，包括文学、美术、建筑、音乐等，它本身又是一部重要的文学作品，影响了西方几乎所有的文学创作大师。

英国文豪罗斯金说：无论我的著作里面有什么好处，完全是因为我在幼年时，母亲每日读一段《圣经》给我听，并且要我每日背诵一段。

美国前总统林肯称，我相信《圣经》是上帝给予人类的最好礼物，救世主的一切恩惠，都是借着它传给我们的。

法国哲学家卢梭感叹：我必须承认，《圣经》的辉煌使我惊讶。

我们把《圣经》的火爆原因总结为卖信仰、卖价值观。如果你的产品能够达到卖价值观的层面，那么，它一定离爆品不远了。

同样，美国总统奥巴马也是一大爆品，他在竞选时有一句口号，卖方案不如卖梦想。

就像是站在神坛的偶像突然有一天走下来与你握手，奥巴马的成功因素中，有一点就是亲和性，他用优秀的演讲让民众站在他的身后，2007 年的一场演讲，奥巴马推出“一个美国”梦想，这就是卖方案不如卖梦想的由来，正是这场演讲，让奥巴马走入美国民众的心中，成为爆品。

奥巴马的口号中有：梦想、改变、希望。

于是我们看到的不是一位总统在发表竞选演说，而是民众的代表站在最高决策层，他像受上帝之命，带领西伯来人逃离的摩西，完成精神上的释放。奥巴马竞选时的火爆场景至今让人印象深刻，他所在的地方，人们欢呼雀跃，高喊：改变！改变！他与民众之间达成了一种精神上的共鸣，在民众眼中，奥巴马就是他们，代表着新的可能、新的未来和新的希望。

为了走进民众的内心，奥巴马是历任竞选总统中最懂得社交的人，

2007 年开始，奥巴马就开始在社交媒体上奠定他的政治影响力。

Techpresident.com 网站报道，2008 年奥巴马为竞选总统在网络上发出了 1300 万封邮件，400 万捐款者通过网上电子渠道捐款，其支持者网站 My.BarackObama.com 拥有 200 万个会员。

社交网络对奥巴马瞄准草根阶层的竞选活动起到了前所未有的推波助澜的作用。这种势头在奥巴马上任之后延续了下来：在 2012 年 9 月 6 日的民主党全国大会上，奥巴马接受竞选总统提名的演讲创下了 Twitter 每分钟发推 5.2 万条的新纪录。

《是的，我们可以：揭秘社交媒体如何构建奥巴马品牌》一书中描述了奥巴马团队是如何与用户互动的，“竞选团队采取的策略是，激励人们离开电脑座椅，走到大街上，挨家挨户敲门筹集捐款。”“他们的战略目标是将选民的网络行为转变成为线下的行动。这表明，他们深刻认识到了网络和线下的鸿沟需要弥补，需要鼓励网络用户在真实世界中作出行动。”哈佛西说。

“我们能打造一个更有希望的美国。在林肯呼吁结束分裂、团结一致的老议会前，希望和梦想仍在延续。”2007 年 2 月 10 日，奥巴马借用林肯 1858 年在此地的著名演讲《分裂的房子》的寓意称道。

奥巴马没有承诺，没有方案，但他成为了美国民众心目中的爆品，因为他走进了民众的内心。

这就是我们今天所讨论的爆品思维方式，卖梦想才能走进用户的内心。

乔布斯靠卖完美追求赢得了用户，谁不希望科技带来的享受体验？史玉柱先生发现了人性的特点，从卖产品转变为卖理念。褚时健先生卖的是爱国情怀，从1979年到玉烟集团开始，红塔山就承载了一种与洋烟抵抗的使命……

这是商业的奇妙所在，试着把你的思维打开吧，多关注一下身边的人、电影、明星，你会拆掉束缚你的那堵思维的墙。

产品不在了，情感还在

消费者动机研究表明，人们购买了大量的商品，仅仅是因为情感因素，也就是说，吸引消费者到商店、超级市场以及网络平台的动力，是用户对占有东西的欲望，而不是需要这种产品的欲望。帕梅拉·N·丹其格在《人们为什么要买不需要的东西》一书中称道：“消费者的任意性购买会带来强烈的情感满足，这促使消费者继续购买想要的东西，而不是继续购买需要的东西。消费者重复寻求同等程度的满足，就像巴甫洛夫的狗一样，典型人群的一位受访者这样解释她购买不需要的东西的经历，筋骨是你需要的东西，但你也需要一点点皮毛，而不全是筋骨，只买必需品是乏味的，因此，你需要买一些华美的东西，好让生活不那么乏味，这让你的感觉更好。”

这种情感的因素会造成购买中的羊群效应，导致爆品的产生。

牛津大学和哈佛大学研究员就曾分析过 Facebook 网站上的应用软件之所以会被大规模下载使用，定量分析显示，在流行软件与普通软件之间有一个明显的采用率阈值。如果一个软件每天被下载安装的次数能达到55次，那么这个软件的流行度将会急速上升，远远超出阈值下的软件。

参与研究的牛津大学博士费利克斯·里德说，在软件流行度达到上述阈值后，大量用户几乎是完全根据其他用户的行为来选择安装这个软件，而很少关注其本身的内在特点，表现出明显的“羊群效应”。他表示，这也与 Facebook 网站的设置有关，该网站每个用户都能看到好友采用了那些软件，网站也会发布一个总体的软件采用率排行榜，形成了好友圈和网站总体两方面的社会影响。

爆品的形成，背后不可避免地具备“羊群效应”，像病毒扩散一样，爆品天然必须具备这种要素，就像人们所说的，我也不知道为什么要购买，但我身边的人都在用它，所以，我必须也要拥有。

企业家们每天的梦想就是，所有人都用上我们的产品，并且发自内心地热爱。更高级的爆品是产品不在了，但人们依然热爱它，比如，诺基亚手机。

2013 年 9 月 2 日晚间，微软宣布，将以 37.9 亿欧元（约合 50 亿美元）的价格收购诺基亚旗下的大部分手机业务，另外再用 16.5 亿欧元（约合 21.8 亿美元）的价格购买诺基亚的专利许可证，因此这项交易的总价格大约为 54.4 亿欧元，这项收购意味着代表一代人记忆的爆品手机——诺基亚消失了，不管未来它是能够以新面貌示人，还是彻底销声匿迹，诺基亚在用户心目中打下的烙印轻易不能够被替代。

我们再来看看诺基亚这款爆品当年创下的辉煌：

2005年，诺基亚推出的1110一共售出了2.5亿部，截至2015年，十年过去了，这款手机依然是史上销量最高的手机。

2008年，诺基亚在最巅峰状态，占据全球手机市场四成的份额，有一个形象的比喻是，一个人眨眼的工夫，芬兰人可以卖出14部手机，而且每台都挣钱。

但是，直至2011年，随着开源的Android平台兴起，诺基亚爆品现象被改变，而后一直萎靡不振。

诺基亚的失败在于没有对形势的变化做出足够的应对，这是爆品思维体系论的重要一点，不断变化、不断试验，这才能够将爆品延续。不过，从产品的情感而言，诺基亚作为爆品，在用户心中的地位打造，是一大成功。

2016年5月24日，手机门户网站PhoneArena报道，诺基亚多年前未选择安卓系统一直是不少“诺粉”心中的遗憾，每每谈起该公司的衰落，人们总会想起一个假设：“如果诺基亚进入安卓市场会怎样？”最终的结果显示，接近一半的投票者（49.58%）认为，诺基亚品牌的设备绝对有实力与其他大品牌们竞争。

还有一部非常畅销的电影，叫做《YY姐妹们的神圣秘密》，说起来，电影的成功得益于原著的火爆，这是根据女作家瑞贝卡·威尔斯1996年的同名小说改编，主题是探讨女性之间的友谊和微妙的母女关系。

当时这部作品火到什么程度？简装本上市后第一个月，首印的18000册就销售一空，上市两年后，总共印刷48次，总销量突破了250万册。在文学作品中，《YY姐妹们的神圣秘密》肯定是可以称为爆品的作品，两年内200多万册的销量让作者瑞贝卡一度成为名人。

这部作品起初并不为人所关注，瑞贝卡写作这部作品时的身份是剧作家，在文学领域并不知名，本身的知名度也不能和一线作家相比，但瑞贝卡曾经做过演员，在每次为图书举办的朗诵会等活动中，她更像是表演，她最大限度地调动着观众的情感，她扮演着书中的每一个角色，瑞贝卡活灵活现的表演总是能够激发人们购买的欲望，瑞贝卡的第一次朗诵会，只有7个人参加，而后，她的这部小说就能够卖到15000册的销量，一群一群的妇女在活动后围过来，让瑞贝卡签名，一签就是几本书。

情感带有传染性，随后发生引爆，想想看，你有多少次是因为感动购买产品的？这极其容易发生在首次购买时，爆品一定具备让人感动的要素。

情怀集中爆发

情怀是人们购买产品的推动力吗？在有些领域，这是一定的。

2016年，手游行业带来全球疯传的一个爆品——Pokemon Go（口袋妖怪）。

这款手游产品由任天堂、精灵宝可梦，以及老牌的开发者 Niantic 合作推出，上市后火得一塌糊涂：

在澳大利亚和新西兰地区上线后，吸引了无数的玩家走到街头；在悉尼，约 1500 人相约走上悉尼街头捉精灵；Twitter 平台的话题量也在短短 2 天内翻倍，达到了 190 多万，单日下载量已经逼近 Twitter、是欧美火爆约会应用 Tinder 的 2 倍以上；据 App Store 的数据显示，上市后这款手游产品在美国、澳大利亚和新西兰三个测试地区连续 3 天夺得收入冠军，路透社曾经发布新闻称，Pokemon Go 两天内给游戏厂商带来了 75 亿美元的市值增长。

行业研究者开始探寻 Pokemon Go 火爆的原因，抛除 AR 产品的流行因素，他们很想知道，这些年轻人为什么能够上街去抓精灵？

短短两天，就颠覆了过去所有爆品的概念，Pokemon Go 背后实际上存在着巨大的情感因素。

Pokemon Go 本身就是一款有着 20 多年历史的游戏，Pokemon Go 对于粉丝来说，是儿时情感的寄托，代表了童年和青春，很多人在社交网络中表示 Pokemon Go 就是他们儿时的梦。

Pokemon 进入中国是在 1996 年，任天堂发布了第一代的 Pokemon 游戏，一年后，任天堂推出 Pokemon 的动画作品，这部动画的主人公就是黑色爆炸头型的少年，身边带着一只黄色老鼠皮卡丘，皮卡丘成为了无数“80后”“90后”的儿时伙伴，此后，Pokemon 几乎每年都会推出一款新作品，全球积累了数以千万计的粉丝。

因此，Pokemon Go 本身就是一大超级 IP，有着时间和情感的积淀，粉丝群忠诚度极高，在全球、尤其是日本与欧美，有着众多的狂热粉丝，这些人基本上每一款口袋妖怪的游戏都不会错过。在游戏的开发过程中，在这个系列 20 周年的变迁图中可以看出，其宝贝交换功能从最初 GBC 掌机通过线缆互联，到 DS 卡带再到目前通过移动网络交换神奇宝贝，其 CEO Hanke 将交换宝贝称之为游戏的一个“核心元素”。

可见，Pokemon Go 这个大 IP 下，因为有着忠实粉丝对这款游戏的钟爱，有着全球粉丝的情怀支撑，Pokemon Go 得以迅速风靡全球。

实际上，除了游戏之外，用户对于影视剧作品的情怀也是爆品产生的一大因素。

比如，《鬼吹灯》这部小说，公司在最初运营这个 IP 的时候，这部小说刚在天涯上开始连载，出版人发现之后，将其移至起点中文网，经过一段时间的预热，《鬼吹灯》在起点中文网的排名始终在高位，印刷版作品出版后，全国媒体掀起一波《鬼吹灯》的媒体报道热潮，当时热论的有盗墓探险小说的开创、《鬼吹灯》与网络文学……而后，鬼吹灯小说最先在广播中开播，影视、网络剧、游戏随后多点开花。

从 2005 年小说推出，到 2016 年《鬼吹灯》电影上市，积累 10 年之久的粉丝情绪在电影上市后得以爆发，他们这种对于电影的期待起源于十年前小说的连载，乃至小说上市时，情怀推动销量。

此外，这部小说成功的地方还在于与粉丝的互动，小说有起点中文网的粉丝追剧，还有百度贴吧上的粉丝互动，出版方在与读者的互动中也做了很多工作，除了传统的读者签售、见面会等，还专门在军事产品商店特制了《鬼吹灯》小说中出现的产品，比如加强版工兵铲、指北针、狼眼手电等。在当时这部小说的贴吧中，由于话题性非常好，剧情本身的讨论是一波热潮，另外，由于人物角色特点突出，故事精彩，人物活灵活现，曾经在2007年引发了很长时间的对人物角色的评选热潮，当时，粉丝选取了心目中的《鬼吹灯》几位主角的演员，可喜的是，《寻龙诀》在选演员时，几乎与当时网友的猜测完全吻合。

总而言之，你看到的只是一部小说、一部电影的走火，这只是冰山一角，在它的背后，有着网络文学发展的脉络、图书出版行业的趋势变迁、IP孵化的演变等等，这些综合因素叠加起来，才有了《鬼吹灯》这部“IP之王”的诞生。

从《鬼吹灯》这个IP之王看爆品思维，我们发现了孵化的作用。对于图书出版商来说，他们很容易理解一款图书背后的孵化作用，拿到其他产品上也是同样的道理。

只为用户生产

诺贝尔文学奖获得者帕慕克在一次演讲中提到，他成为作家之后，被问到最多的问题就是：你为谁写作?

最初这个问题带有一定的戏谑，20 世纪 70 年代中期，帕慕克作为一个小说家，他身后是一个贫穷落后的国家，当时“你为谁写作”这个问题，暗指你应该去做一个能够拯救国家的人，而不是成为个小说家；而后随着帕慕克的知名，很多人问这个问题，是希望得到一种“我为社会上那些贫贱的人们写作”的答案;帕慕克的母亲也曾经问过他这个问题,言外之意是,你打算如何养活自己；等到帕慕克的作品被译作各国文字的时候，他们问这个问题,是表示你代表谁的意思,到这个时候,帕慕克心目中越来越清晰,我是为理想读者写作。

与文学作家创作作品类似，做产品的企业心中一开始是有一种目标的，即只为用户生产产品。不过，这种目标随着市场的开拓会逐渐消失，会让企业主们迷失方向，“为用户生产”转变为“为利润生产”。

小米农业在最初推出的时候有一句口号，叫不忘初心，意思是在农业领域最缺乏的精神是不忘初心，这也能够理解为什么食品安全始终是横亘在人们面前的一座大山。

观察所有的爆品，都有一个特点，产品品质多年始终如一，这是不容撼动的爆品产生的第一个真经。保证产品品质，前提就是需要明确，你是为用户生产，有了这个行为准则，才有了产品上的做减法、专注、极致等种种近年来一直被推崇的方法。褚时健先生在做烟时，始终遵循一个理念——做中国人爱抽的最好的香烟，在种橙时，看到进口水果新奇士在国内售价高、销量好，又萌生出一定要种出比新奇士更好的橙子、老百姓爱吃的橙子的想法。

最后我们看所有的爆品都被强有力地灌注了这个理念，这句看似空话的法则却能够在产品生产、营销过程中时刻约束着企业，打造出爆品。

通信领域，华为公司本身就是一大爆品，是互联网浪潮中少有的不但屹立不倒，反而竞争优势更明确的企业，在华为的诸多经营真经中有一条被提及得最多，那就是华为始终以用户为中心。

华为创始人任正非表示，华为的核心价值观只有一个，即是“以客户为中心”。

“华为之所以崇尚‘以客户为中心’的核心价值观就是因为只有客户在养活华为，在为华为提供发展前进的基础，其他任何第三方（包括政府）都不可能为华为提供资金用于生存和发展，所以，也只有服务好客户，让客户把兜里的钱心甘情愿拿给我们，华为才有可以发展下去的基础。”任正非说，“华为的价值和存在的意义，就是以客户为中心，满足客户的需求。我们提出要长期艰苦奋斗，也同样是出于‘以客户为中心’这样一个核心价值理念，坚持艰苦奋斗的员工也一定会获得他所应得的回报。”

很多企业重视用户，同样有很多企业不重视用户，他们认为，占据市场就是生产爆品的最佳途径。

华丰是80年代中国最大的方便面生产企业，华丰牌三鲜伊面更是一代人的记忆，从产品本身来讲，华丰方便面一定算是一个爆品，不过，在上世纪90年代初期，印尼的一家集团——金光集团成为华丰的新东家，自此，这款在“70后”“80后”心目中曾经占据重要地位的爆品迎来一个分水岭，资金注入后，华丰大举开设工厂，相继推出干拌一族、掌上脆等一系列产品，邀请艺人拍摄广告片，招募香港、台湾的资深市场人员进行推广，目的只有一个，抢占市场。

原本华丰系列产品带有一代人的记忆，在用户心目中已经稳固地位，只要继续以用户为中心，很容易崛起，但是华丰的爆品现象没有延续，市场份额严重萎缩，从上世纪90年代末开始，华丰终止了过去巅峰状态，开始亏损，直至今日，对于有着那个年代记忆的消费者来说，都再也没有看到华丰产品的崛起。

学者们总结的几点原因中包括香港、台湾的管理人员入主后，不了解内地市场，一些诸如架空经销商、开展直营的做法使华丰的市场策略严重水土不服，销售网络萎缩，优质产品受到极大的制约。

| 第五章 |

爆品赢在产品之外

如果你仔细观察，会发现被包围在浩瀚的商品之中。大型百货超市里陈列着几十万、甚至上百万个产品或品牌；即便街边的一家小超市，也大约陈列着几千种产品；一家药店，一般会有几万种的药品种类……

不作比较，可能不会发现，仔细观察，要在这些规模异常庞大、品种异常繁杂的商品中，成为消费者心目中的一个爆品，这简直比登天还难。

然而，很多产品和品牌却做到了这一点，它们不但让你能够在产品泛滥的社会找到它们、挑选出来，并成为常年使用的东西。

很了不起吧？

实际上，更了不起的是，有些爆品开创了某些新技术的发展。

听起来是那么不可思议，但的确很多故事超乎你的想象。

Flash 曾经风靡一时，但 Flash 之父乔纳森·盖伊 (Jonathan Gay) 认为，是一种玩具帮助其发明了 Flash 动画，进而点亮了互联网。

拉里·佩奇治下的谷歌成为重新定义公司的典范，但他坦诚，他在技术上的启蒙，是早年他曾用以制作出一台全功能喷墨打印机的玩具。到如今，谷歌的招聘经理在顶级智商门萨级别的招聘测试中仍然会用到这种玩具。

BBC主持人詹姆斯·梅说过，这种积木中蕴含着“几何、数学与真理”。

你一定猜出来，我们要讲述的是什么玩具，答案正是乐高。

你知道苹果是超级爆品，乔布斯成为教父级的人物，苹果成为信仰级的爆品，但你未必知道，乐高同样是这样的一种爆品。

2015年，乐高公布上半年财务数据，营收较上年同期增长23%，至141.4亿丹麦克朗（约合21.3亿美元）；净利润更是同比增长31%，至35.5亿丹麦克朗。

这个净利润的增长发生在2014年乐高拍的一部《乐高大电影》的基础上，那是直接刺激乐高公司销量大幅度增长的利润点。

更直观的表述是，单是2013年，乐高就生产了550亿个玩具组件，连接起来可以通达到月球，在全球范围内，拥有乐高玩具的人超过3亿，平均每人拥有49块乐高积木。[1]

一款简单、普通的积木为什么能做到全球畅销？是什么原因让这种由塑料颗粒制作出来的产品，不但征服了孩子，还让很多成年人去消费？更神奇的是，科技界的精英们、大学教授们、智力开发研究者们，都热衷于将乐高玩具植入研究和课程中。

乐高成为爆品的秘诀不在于产品本身。

乐高成为畅销品的转折点发生在，它的创始人有一天宣布，乐高必须

[1] 环球企业家：《探秘：乐高成功之路背后》。

从销售单个玩具的理念，转变为创造整个游戏系统。

想清楚了吗？这是思维方式上的转变，是让乐高风靡全球的核心，是爆品思维需要的。

爆品往往不只在于产品本身，恐怕你需要转变思想，从卖产品到卖服务，从卖产品到卖价值观。

人人都爱乐高

R 先生是一所科技大学的年轻的副教授，他教授的是电子自动化相关的专业，在博士生就读期间，他就关注到了乐高这种产品，他疯狂爱上了乐高游戏，并尝试将他的研究课题与乐高联系起来，而后，当他留校任教时，他第一次将乐高游戏应用到了原本枯燥的教学中。

“我并不认为，乐高只是给孩子们的一种游戏，大学生、教授，乃至科学家都可以使用它。”他说。

他开发了乐高与自动化相融合的课程，同时，在全市各大中学开辟乐高课外课程，一个原理，让学生可以设置关于乐高的程序，当他们看到自己设置出的规则直接生产出玩具时，他们高兴极了。

这是乐高产品对于一个大学教授的改变。

到现在，有谁还觉得乐高只是一款玩具呢？

看上去，它就是一块塑料，是一个积木，但是乐高矩形玩具上有 8 个凸起和下面的3个小孔则暗示着乐高的无限可能。它意味着新的游戏系统。

几个凸起和小孔，让一款玩具变成了一个深不可测、有着千变万化的可能的游戏生态。这就是爆品乐高风靡全球的秘密。

你可以用乐高积木和Linux个人电脑操作系统制造出一台超级电脑；

你也可以用乐高积木和简单的程序设计制造出一个摩天大楼；

你还可以制作出一架飞机；

……

人人都爱乐高，科技评论者这样称道，事实上，这句话绝不是夸大之词。而我们要探寻的是，乐高成为爆品的原因是什么。

被称为“乐高教授”的戴维·罗伯逊在《乐高：创新者的世界》一书中说道，“该企业第一次有远见的行动是，它把赌注押在塑料积木和积木的未来上，第二次则是领悟到它必须从生产单个玩具发展到能够创造整个游戏系统。”

我们找到了答案，如果乐高公司销售的只是乐高产品，即便它销售再多的玩具，它也只能是一家玩具生产商，但是乐高创造的是整个游戏系统，是基于乐高玩具搭建的一切产品。

对于孩子来说，乐高是积木，是可创造性、可制定规则的积木，对于成年人来说，乐高可以是身边的任何一种产品。乐高积木有着“向前兼容”性，新生产的积木最远能与1958年生产的积木连接上，由于这种向前兼容性，一个套装里的乐高建筑模型和来自不同套装的汽车、灯塔、交通信号、铁轨等都能无缝连接。

每一块乐高积木都可以和其他乐高积木相连接，这背后的意义是什么？即是每套乐高积木都可以不断扩充。

因此，每发布一款新玩具，都说明乐高世界也在扩张。

我们应该为乐高的发明鼓掌，乐高是少有的经历过二战、经得起时间的考验和孩子们喜新厌旧的挑拣的一款爆品，很多人将乐高的成功因素归结于做减法、产品回归本质，但我们认为，乐高之所以火爆全球并长时间流行，主要就是因为乐高的游戏系统。

1954年的时候，一位来自哥本哈根最大商场“Magasin du Nord”的玩具买家叹息说，玩具制造商不应该只开发短暂占据市场的一次性产品，而应该开发一种不同玩具之间互相关联的综合体系，这样一个体系才能够形成重复销售。

就是这句看似平常的抱怨，激发了乐高创始人之一哥特弗雷德的灵感，此后他花了几周时间研究出来可行性系统的要素，并确定了乐高的游戏系统。

乐高产品有六大原则：

限制大小但不限制想象力；

让消费者买得起；

简单、耐用、种类丰富；

男女老少皆宜；

玩具中的经典，无须更新；

分配渠道畅通。

这六大原则让乐高成为一个真正的游戏体系。

促销员们这样说，买吧，买吧，因为你可以不停地搭呀搭，乐高玩具永远让你尝试下一种可能。

孩子们说，妈妈，给我买乐高玩具吧，我想要它变成火车、飞机。

随着系统的进化，乐高公司推出了很多火爆的主题性产品，包括乐高大电影，基于无限游戏的魅力，乐高至今仍然是不可撼动的玩具类第一大爆品。

从卖花盆到卖花盆管理

现在有以下两个选择放在你的面前，你该如何选？

一家企业向你推销他们生产出来的新的花盆和绿植，他们宣称自己的产品能够给家庭带来清新的空气，美好的环境，舒适的享受感。他们认为，自己的花盆产品有着核心优势，多项专利技术。他们说，过来买吧，装点你的阳台，装点你的客厅。

另一家企业同样是生产花盆与绿植的企业，不同的是，他们告诉你，阳台是另一个生活空间，你应该善待你的阳台，同时，他告诉你，他们免费提供花盆，你可以免费拿回家，不过，你需要对他们的种子和土壤付费。

甚至，你可以拿回花盆放着，由别人帮你打理，你可以养花、种蔬菜。

两种情况你都不会陌生，逐渐地，你厌倦了第一种方式，因为你实在没有什么欲望要买很多绿植搬回家去，时间长了，产品变成了消耗品，你越看越觉得当初的价格昂贵，不想再为多余的东西埋单。

后者变完全不同，企业带给你的是一种全新的体验，免费提供产品供你试验，并带给你一种新的理念，比如，近几年来，有一类公司做的是有机生活阳台的生意，抓住当下环境恶化的时代背景，他们向用户推销屋顶蔬菜、阳台蔬菜，尽管没有强品牌的爆品出现，但这类企业运用了爆品思维，脱离产品本身，开始向用户兜售销生活方式。越来越多的人参与到了阳台生活中，他们从中体会到了产品之外的乐趣。

这个小故事让你明白了什么？或许你会发现有很多爆品无法支撑爆品态势的原因，也有很多产品压根无法成为爆品，让我们来看一下曾经风靡一时的爆品——汉王电纸书。

2005年的美国CES展会上，汉王科技创始人刘迎建发现了新大陆一般，他发现美国E-ink公司的新技术——电子墨水屏。这种电子屏幕几乎跟纸张的显示效果一样，无辐射、无闪烁、不伤眼。

随即，刘迎建将这种技术带回北京，开始悄然开发这样一款产品。当时，汉王拥有了B2B的识别技术授权，还为企业提供例如人脸识别考勤系统、门禁系统等成套解决方案。在面向消费者的市场里，更拥有了绘图板、手写板、名片通等产品。

2008年10月，汉王电子书问世，产品一问世，销售火爆。那时，亚马逊的Kindle在美国燃起的“大火”还没烧进中国，苹果iPad也还没有实物产品上市，汉王实际上是借了Kindle和iPad的东风。

2009年，据汉王财报显示，共销售电纸书27万台，占整个国内电纸书市场的50%左右。

汉王成为国内电纸书市场的第一爆品品牌。

火爆突如其来，转折也呈同样态势。

随着苹果iPad入场，国内电纸书市场上的品牌无一幸免，加之汉王采购了大量的电纸显示屏，高额库存和市场需求降低成为压倒汉王电纸书的最后一根稻草。

与汉王电纸书相对应的是亚马逊的Kindle。

Kindle产品的盈利模式是很简单的，就如同亚马逊高管所说：“我们依靠用户使用设备来赚钱，而不是他们第一次购买设备的时候”。

与汉王电纸书相比，Kindle带来的远远不是一款设备这么简单，用户在线可以选择几十万部图书作品，同时可以保存，一键下单完成购买。

说到Kindle，亚马逊的股东在信中有这样的描述：每本书，无论任何语言，客户都能在60秒之内获得，我们不得让Kindle的设备和服务之间有着坚硬的鸿沟，它们之间应该是无缝对接的。亚马逊从未创造一种硬件设备，而是宁愿换一个视角，以适应我们一贯的做法。我们聘请了很多硬件设备的天才工程师，创建一种新的研究机制，更好地服务未来的阅读者。

重新回到开头的小故事，从卖花盆到卖花盆管理的转变，是爆品思维中必不可少的要素。

像IBM这种不断在转型中突破的企业少之甚少，大部分企业都会像诺基亚一样，败于时代的潮流之下，这是产品必然无法跨越的鸿沟，但是美国依然有像可口可乐这样的企业生产了百年以上的爆品，一方面，一切根源在于产品，另一方面，维系爆品的因素几乎在产品之外。

可口可乐抓住的是用户的情感因素，亚马逊从用户的体验出发，两类爆品均脱离产品之外，他们应用的就是花盆管理原则，不仅仅是简单地卖花盆。

从产品到服务，从花盆到花盆管理，是爆品思维的升华，也是核心。我们在研究的中小企业案例中发现，总有一些小企业能够在本土化、小圈子内维系爆品的态势，他们除了在产品品质中制胜之外，总是或多或少地在用户体验、服务、情感因素上占据了上风。

IBM的秘诀

就像商业评论员喜欢用总结式的语句论述，更高级的爆品从产品中脱离出来，或者卖服务，或者卖理念，更或者像乐高玩具这样，卖的是无限可能。

像乐高这种长时期维持火爆的产品一样，还有一家百年爆品企业——IBM。

众所周知，IBM的成功来自于转型，郭士纳将它归结为两大赌注，其中之一是从为供应商提供产品，转变为能够将各种供应商所提供的电脑零部件进行整合提供技术方案。

《华尔街日报》报道，在IBM 104年历史的大多数时间中，商用硬件一直是其命脉：早期是奶酪切片机和卡片穿孔机，最近则是大型主机和微芯片。随着硬件销售萎缩，IBM把未来押在软件和服务上，

郭士纳说："这个赌注源自客户。我坚信客户对于一种要求他们将不同供应商的各种零件产品组装起来的行业机构，是会越来越不耐烦的。客户机服务器模式在20世纪80年代出现的时候，是作为一个不可分割的部分而出现的。因此，我们决定赌一把——如果我们那时大声地把这个赌注说出来，我们的业内同行一定会捧腹大笑。

我们的赌注就是：在未来的10年中，顾客将逐渐看重那些能够提供整体解决方案——即能够将各种供应商所提供的电脑零部件进行整合的技术方案，以及（也是更重要的）能将技术整合到一个企业流程中的公司。我们还打赌：芯片速度、软件版本、专有系统以及其他类似的东西都会衰亡，而且过一段时间以后，信息技术产业也将变成以服务为主导的产业，而不是以技术为主导的产业。"[2]

---

[2] 郭士纳著；张秀琴、音正权译：《谁说大象不能跳舞》。

在《谁说大象不能跳舞》一书中，IBM 创始人郭士纳坦诚，IBM 的成功源于这次重要的赌注，当时，他相信，行业会分化数千个玩家，信息技术服务成为整个信息产业的一个巨大的成长性市场细分。就是这个判断，让 IBM 从硬件厂商转变为服务商。

这是一个历史性的转折，也造就了 IBM 在百年的发展中一直保持市场领先地位。

虽然从硬件厂商、集成商转变为系统方案服务商，IBM 找到延续爆品品牌的密码，这一过程是痛苦的，但产品更新迭代，容易被大环境淘汰，而服务却是长效的。

如今，很多手机硬件企业同样希望，通过硬件免费、服务收费的模式去打破产品的红海厮杀，比如，乐视的会员服务模式。

乐视通过给会员提供视频平台、海量独家内容资源，让用户愿意为此埋单。

乐视成功激活了会员的价值，这主要得益于乐视在视频平台、内容上的多年积累，让其拥有的独家内容资源真正的具有价值，让用户愿意为此买单。

乐视通过内容服务使得会员的价值被激活，2011 年，乐视影业成立，以独立公司形式存在。郭敬明的《小时代》系列是其成功代表作之一。至此，乐视影业建立了投资、制作、宣发的整体性平台，贾跃亭称这是乐视生态的“垂直整合”，为平台提供独家影视内容。

2014年3月，乐视体育成立，立志发展为基于“赛事运营+内容平台+智能化+增值服务”的全产业链体育生态型公司，为平台提供独家的体育内容资源。

低价的硬件产品，加上服务，乐视依靠这种办法与消费者建立了非常具有黏性的连接。

我们再回头比较几种爆品，你会发现，依托于服务制胜的爆品，生命力要远远比依托于产品的强得多，他们能够抵抗住时代的变革，往往更能畅销百年。而专注于产品本身，尤其是无法做到顺应趋势的产品，几乎难逃被时代和消费者抛弃的命运。

这给我们的启示是，每一个企业都应该不断反思，无论是日本的永续经营，还是中国企业的顺应趋势，从卖产品到卖服务，是爆品思维的一次进步。

产品与服务的转变

与卖花盆管理一样，很多企业开始意识到，很多产品之外的因素尤为重要。

世界上存在完美的产品吗？

有谁能够追赶得上消费者日益增长的期望值呢？

没有企业做得到这一点，相比之下，卖产品到卖服务不失为一个好办法。

美国康涅狄格州有一家自行车销售行——泽恩车行（Zane's Cycles），它是该州单店最大的车行，当自行车销售行业的竞争已经一片红海时，泽恩车行靠着一个招数保持着每年 25% 的增长率。

这个招数就是“经销商终身保修”，泽恩车行每售出一辆自行车都向顾客保障，一旦自行车发生故障，他们会承诺，终身免费保修。

泽恩车行这样介绍：

- 泽恩车行将为售出的每一辆自行车提供终身服务和维修。
- 如有需要，泽恩车行可把自行车生产商的保修期延长到对缺陷和做工实行终身保修。
- 对于泽恩车行售出的附件或部件，泽恩车行将把生产商的保修期延长到终身保修。[3]

同行业企业都认为泽恩车行这个办法简直太蠢了，他们难道不知道自行车的使用频率是极高的吗？那些车手通常骑很长的路，给自行车带来很大磨损。因此，终身保修政策将让企业负担累累。

但泽恩车行知道，要想让顾客在众多企业中认定他们，单单靠产品是行不通的，他们要让顾客知道服务的重要性，知道他们对于顾客是忠诚的。

终身保修让顾客成了回头客，提高了重复购买率，每当新品上市时，泽恩车行就免掉了向顾客展示的营销成本。

---

[3] 杰克·特劳特、史蒂夫·里夫金：《与众不同》。

产品受时代的束缚，产品是有周期的，但服务没有。

一个关于女性消费习惯的最新研究报告显示，互联网改变了女性的消费习惯，与场景不同，互联网中女性消费者更注重分享与参与，在对所有女性喜爱购买的爆品中，研究发现，这些产品通过互联网的作用，将女性的从众心理激发出来，产生了放大效应。

什么样的因素是促使女性购买的原因?

排在第一位的是意见领袖，女性社区由以意见领袖为核心的小群体聚合而成，可以说意见领袖是社区的灵魂，UGC 模式下也要依靠核心用户生成高质量的内容，社区能够吸引或发掘出足够多的意见领袖或者领域内明星，女性消费者受这些社区的意见领袖以及场景中的领袖影响，直接促进消费行为。

而意见领袖大多为积极购买者和服务型购买者。积极购买者的特点非常明显，她们的生活方式非常活跃，户外活动多，喜欢自己动手，乐于尝试新事物，对各种产品的综合考量非常多。这类人热衷于购买，重心不止于产品本身，他们对服务和价格都非常敏感，甚至对产品反映出的社会身份极为在乎。

另一类服务型购买者，对服务异常挑剔，他们要求在购买产品的前后以及购买中享受到很好的服务，服务型购买者是核心购买力阶层。

这类意见领袖相当于爆品引爆点的个别人物，他们对于产品的定义已经发生了变化，他们认为，跟产品相关的一切事物都是产品的范畴。比如，体验性的参与是产品的一部分，包装好坏、定价合适与否、售后服务、个性化体现、营销方式……他们极大地扩充了产品的外延，如果有某一环节，企业没有如他们所愿，他们就会舍弃品牌，并传递出负面影响。

有一类女性消费者群体被称为过度购买者，他们的兴趣同样非常广泛，愿意尝试一切新鲜的事物，由于他们没有既定的品牌刻板印象，因此，他们接受所有新的东西，这其中，服务就变得非常重要。

可以说，一款产品能够引发爆品现象，但是，未必能够延续爆品的态势，产品本身不可避免地存在边际效应递减。前文介绍过，消费者对于产品的诉求越来越高，越来越挑剔，即使像苹果这样的科技创新型企业，都无法跟上消费者的要求。因此，产品本身并不能够维系爆品现象的延长，但是，服务可以做到。

国内有一家以服务著称的餐饮企业——海底捞，直到今天，后来者模仿海底捞的服务无一能与之媲美。

2008年的时候，海底捞还没有在全国范围内形成极致服务的口碑营销，但实际上已经让人们在私下互相推荐了，海底捞将服务这一概念深深植入了每一个员工身上，由员工带给顾客。

每位顾客一进门，服务生深深鞠上一躬，向顾客问好，面带笑容，话语轻盈。还没等顾客落座，服务生已经帮忙拉开椅子，送上围裙。给戴眼镜的顾客第一时间送上擦镜布，给长发女士提供皮筋，此外，海底捞较早地在菜品设置上进行改革，同类火锅店还少有销售半份的菜品，而海底捞可以点半份。等候期间，女士可以美甲，男士享受免费擦皮鞋，小吃、瓜子、各类棋牌应有尽有。

海底捞的体验让人印象深刻，尽管而后也遇到了服务更好、条件更优的商家，但海底捞的服务带着人情味，那里，每个人脸上都洋溢着笑容，每个人都传递一种温暖，这种体验让人忘记了是在消费，而像是共处。

前文提过，全美第一大披萨外卖公司达美乐，早年就知道自己的产品本身并不具备核心竞争力，但是达美乐总能够比其他披萨店卖出更多的产品，他们依靠的就是服务，达美乐的竞争策略在于永远比竞争对手的服务要好。从1973年开始，达美乐就提出了“30分钟内送到，否则免费”的口号。

同样是外卖产品，门槛不高，产品不是最好的，但达美乐靠着服务做到了全美第一、世界第二大披萨外卖品牌。

以用户为中心的商业创新实践者、互联网创新管理专家罗浩先生认为，“真正推动人类进步的，不是军事，不是政治，不是科技，也不是宗教，而是商业，以及商业服务。有史以来，商业的核心经历了三次变化，从需求核心、效率核心演变到如今的体验核心。大多数产品的核心功能逐渐同质化，我们不得不面对这样的竞争环境，水并非只解决渴的需求，衣服并非只解决保暖的需求，如果你的产品仅仅提供直接的核心功能，就像给了你一个不能装修的毛坯房，即便拥有，但无人愿意使用。”

这也是本书强调的，从卖产品到卖服务、卖情感，才有可能引发群体消费的可能，爆品才能延续。

除了品质，他们还关心什么

在搭建爆品的体系化运作过程中，除了重新定义你的产品之外，你需要明白，消费者还关心什么。

比如，很多商家为什么要在包装上大费周折？为什么要制作一些神秘的感觉？你也许注意到了，饮料类产品的瓶装和广告中会有很多气泡，可口可乐公司会请专业的营销顾问团队，去研究可口可乐外包装上面，需要印上几颗气泡才能引发人们唾液的分泌，他们会通过气泡与人们流汗相联想。茅台酒在包装设计中同样给人一种威严的感觉，这些都属于包装上的做法。

实际上，不仅仅是包装，从产品研发之前的调研开始，到销售出去的售后服务，甚至再到消费者的互动闭环，爆品体系的搭建都在发生。

仅仅生产出一款好产品就可以了吗？如果这样的话，国产品牌不会大规模消亡和没落。

仅仅重视一个环节就行吗？也一定不是，如我们反复强调的，爆品思维是一个体系，是一种思维方式，它告诉你，任何一个环节都是产生爆品的不可或缺的因素。这些环节甚至包括品质之外的因素。

仪式感

美国一些企业和研究员将消费者心理研究得淋漓尽致，乃至你可以在几乎每一款爆品中寻找到从消费者心理诉求出发的考量因素。仪式感就是来自于这样的研究。

什么是仪式感？举个例子，干燥天气，你每天会涂上多少遍唇膏？十几次？还是二十几次？数不清吧？

是的，你压根记不住你能涂抹多少遍唇膏，因为你似乎无时无刻不在往嘴上擦这种黏糊糊的东西，专家认为，唇膏是容易致人上瘾的，但致瘾成分不是物质上的，而是每次使用唇膏时那令人宽慰的重复的仪式，或者是在使用时会得到一种真正的陶醉感。

唇膏企业会顺应这种仪式感，在产品形态与包装上做功课，有些做得珠光宝气，给女性使用的时候营造一种优雅的气质，有些则生产成手指直接涂抹，因为他们认为，在用手指涂抹嘴唇的时候，女性会显现出妩媚的那一面。

传统的老北京炸酱面的面馆，通常都会有一位服务员站在门口，高喊：来了，您呐！吃面时候也尽显仪式感，大碗面放在中间，周围 8 个小蝶，各色小菜摆入其中，消费者食用之前，服务生会询问，需要哪些配料加入其中，整个吃面的过程不超过 10 分钟，前面的仪式就进行了将近一半的时间。

仪式感有一种记忆功能，商家给产品注入仪式感，并不简单是消费体验的升级，这种仪式感让消费者吃得特别舒服，可以叫做产品之外的抽象体验，这能够抓住消费者内心的情感因素。爆品思维将所有的这些都纳入到爆品的体系中。

占有欲

你会不会经常有这种感觉，邻居家给孩子买的新玩具，你也迫切地想要给孩子买一套；同事有了一款新的手机，你就萌生出换新机的冲动；当你的亲戚朋友每个人都在使用一款新的科技产品，你也急着去消费，甚至是当所有人都谈论一种产品的时候，不管你需不需要它，你都想要一个。

这就是占有欲，通俗地讲，人们都时刻想要其他人想要的东西。

可以说，周围的舆论压力越大，被带动的人就越多，产品成为爆品的可能性就越大，那么，如何激发这种舆论压力？这就需要企业在打造爆品时，人为制造话题营销。

想象一下，如果你的邻居购买了一款面包机，她告诉你的是这个很好用，你八成会毫不在意地从她旁边经过。因为你听到的信息实在太模糊了。但是，如果她告诉你，这是全球最大的产品设计企业设计的产品，材料全部为安全有机材料。如果她再告诉你，设计师出演过某部电视剧。相信这时，你回家后的第一件事是去网络上搜索一下关于这款面包机的信息了。

一款爆品必定能勾起你强烈的占有欲，而激发占有欲的最好办法就是给产品加一下怀旧、能打动人，或者是非常了不得的故事。看看褚橙的案例，你或许能领悟得更深刻。

自尊心

《消费者研究杂志》有一项研究指出：从十一二岁起，儿童就能理解很多关于产品和品牌的复杂含义。而这正是他们的自尊心下跌的阶段。他们会想，我觉得我不那么受欢迎，我觉得其他孩子不喜欢我，我该怎么办？

好吧，我知道受欢迎的孩子都会穿盖普和耐克的鞋子，如果我穿上那些，我就会受欢迎了。[4]

于是，盖普和耐克从上世纪初就开始成为流行了。

对于那些孩子来说，耐克意味着什么？只是一件球衣吗？当然不是，他们认为这是能够被标签化、被归属到某一类群体的标志。就像是，如果你用吉列剃须刀，你很容易被认为是精英人士，你穿限量版的李维斯牛仔裤，人们会觉得你的性格中有不羁的一面。

企业往往会在这方面做文章，尤其是想打造流行性产品的那些企业。

他们为什么要买你的东西？从老干妈中能尝到中国的味道，从褚橙中能吃出励志的感觉，而小米最早开始打造“发烧”的概念。

笔者接触的大量做企业营销的咨询团队一致认为，消费者的自尊心非

[4] 马丁·林斯特龙著、赵萌萌译：《品牌洗脑》，中信出版社，2016年7月版。

常重要，消费者会为了自尊心而去消费或者不去消费某种产品，而从卖产品到卖产品之外的东西的转变，是有可能引爆消费者的原因之一。

下一次，试着给你的消费者一个购买的理由，并且这个理由足够让他在他的朋友面前炫耀一番。

可分享

每个企业都清楚，爆品与普通产品最大的不同就是使用群体的多少。爆品是绝大部分群体都在消费的产品，有些小众化的产品尽管品牌概念更强，但在严格意义上说不能够被称为爆品。

因此，企业追求的是让更多的人使用他们的产品或者服务，并且希望扩散的时间越短越好。

创业教父保罗·格雷厄姆曾经说，判断一个初创产品的好坏，就是看看你周围的亲戚朋友会不会向别人推荐这种产品。言外之意，他们究竟是为了面子而购买，还是真的喜欢。

所以说，爆品一定是那些可供分享的产品，如果分享的群体都是意见领袖，那么，产品短时间内就能足够火爆，类似于褚橙。

分享，是当下消费时代消费者的特征之一，他们对快乐和幸福的定义不再反映在通过物质和服务的消费来得到满足，人们更愿意将同他人建立联系、分享物品的这一行为看做是一种快乐，追求人与人之间的联系，相互交流，这是共享意识的价值观。

他们注重分享、相处的快乐，共同分享一件物品，共同参与一个事件，共同构建一个体系，人们在共享中获得联系和价值。这对于爆品的流行非常重要。

当产品变成一种认知

笔者反复提到一个大家或许并不熟悉的品牌——都乐，但都乐作为一种“人人用而不知”的爆品，它有太多的奥秘可以探寻了。

不在生鲜行业里，很难知道这个品牌，消费者更是无从得知，但很神奇的是，你每天都会消费它。为什么呢?

以都乐香蕉为例，因为几乎所有的消费者信赖的水果商贩都会兜售这种产品，不知不觉中，都乐香蕉成为卖得火、卖得久的爆品品牌。

为什么水果商贩会青睐于这种产品？答案是在于新鲜的认知。

也就是说，都乐香蕉不是香蕉，而是关于新鲜的代名词。都乐公司会给每个水果商贩香蕉指南，显示出香蕉在生命周期中不同的颜色阶段，每一种颜色又代表着香蕉的销售潜力。通过对销售效果的观察，都乐公司指导种植者在理想的环境下种出最新鲜的香蕉。在水果商贩那里，都乐香蕉意味着新鲜水果。

当产品成为一种符号，符号便有了意义，可以勾起消费者的怀旧记忆，也可以短时间内打到所有人的痛点。至今，我们仍旧不得不承认，像《从你的全世界路过》这种畅销作品像是带有魔力一样，赚取了文艺青年大把的眼泪和金钱。这部作品是一种符号、一种认知，能够引爆某些固定消费群体的认知。

早年，我们读书的时候，就对宝洁的产品有所耳闻，但那个时候，令我们产生印象的是宝洁产品本身吗？谁在学生时代会对家务感兴趣？当然，吸引我们的是宝洁产品传递出来的价值理念，比如，舒肤佳产品常年占据荧屏的口号是“爱心妈妈，呵护全家”。

1986年之前，中国市场被力士牢牢占据，而后舒肤佳轻松入华，舒肤佳从理念上对中国大众进行普及，包括正确的洗手方式，以除菌为轴心概念，强化爱心、保护全家的品牌价值理念，几年之后，舒肤佳成为国内的香皂爆品品牌。

另一个堪称爆品的品牌无印良品，是将认知寓于产品的典范。

关于无印良品，人们不会因为电商的冲击影响它在消费者心目中的地位。这家由田中一光在1980年秋天创立的公司，源自这位伟大的设计师对日常生活中审美意识的提炼，2001年全球最伟大的设计师之一原研哉加盟后，将无印良品的极简主义美学发扬光大，并制定了“这样就好”的战略方向。

无印良品不再是一家卖场，设计师通过设计来发掘人的消费欲望，通过设计所带来的便捷、美感来享受生活，通过服务和消费体验提升人们的生活品质，将无印良品上升到人生哲学的层次。

1980年，无印良品的创始人之一堤清二开始在西友商场开辟了一个小专柜，最早只卖一些食物和日用品，如今，无印良品商品数量上万件，涉及衣食住行的每一个方面。

在追求极简的设计风格时，无印良品做到了极致，几乎所有的产品都是围绕极简、克制的理念进行设计，一位家居观察者说道："物质的极大丰富和消费品牌选择的增多给具有较强消费能力和消费理念的消费者带来了满足的同时，也自然会带来一种低至"选择困难"的盲目，高到"人格物化"的空虚这样的副作用。为了改变这种不适，消费者自身自然会寻求某种改变，甚至矫枉过正，选择拒绝品牌的消费，拒绝品牌的理念和符号，而改变就意味着市场和机会。"无印良品给出的认知是无所求、回归本质。

当产品不是一种产品，爆品现象便可能发生，与其亦步亦趋地跟风产品，不如想办法将产品重新寓于一种认知吧。

第六章

不断优化你的体系

成熟的企业可以学习泰勒的生产管理、德鲁克的组织管理、特劳特的营销管理，而初创企业没有范例可言，也没有现成的理论可以借鉴，他们迫切希望能够一夜大火，为了这个目标也在不懈努力，但大部分书籍告诉我们的都是一些战术上的指导，包括精益创业的理念，它只能够调整公司发展的方向、业务的经营策略等等，这种战术的指导缺乏战略上的把控，很容易造成“虚假的成功”。

小商家拥有短暂的爆品销量，大型企业转型突破新业务后迎来美好的用户数据，如果没有思维和战略上的指导，这些都不算是成功。

哈佛最受欢迎的战略课《战略的智慧》告诉我们，没有目标的生活通常收获甚少，没有思想的人纵使终日寻觅，也少有成就。

毫无疑问，任何公司运营的目标都是创造可持续增长的卓越业绩，业绩最好的支撑就是公司打造的一系列爆品，不过，短暂的战术指导下获得的爆品销量是不持久的，你需要从战略上对爆品思维进行布局。

战略布局，不是引爆市场，不是追求销量，而是优化你的体系，这才是最妙的事情。

搭建体系

正常的商业模式表达了企业创造、传递和获取价值的基本原理。如果从内部、客户、财务三个视角来衡量企业的话，内部视角，包括运营行为和核心资源，这两项完成了企业的产品或者服务；客户视角，涵盖客户关系和渠道通路；财务视角，即为成本结构和收入来源。一个范畴与另一个范畴之间是环环相扣的，举个例子来说，运营行为与核心资源决定着企业的价值主张，也就是产品和服务会更好，这就意味着收入来源可观。从财务视角来分析，运营成本低、核心资源多，也能给企业带来丰厚的利润。

爆品体系追求的正是成本与收入的最优关系，以及整个企业体系的健康运行。

不过，这对于初创企业来说，显得十分困难，因为，活下来和活得好之间存在着一种矛盾，活下来意味着你需要关注数据和销量，活得好需要你关注永续经营的事情，也就是我们提倡的爆品思维。

我们听到最多的一个论断就是，我们的公司需要轻，这样的条件下，怎样考虑体系性的事情？

言外之意，轻的含义是机构精炼，人员少，资金能减则减。

这其实引发了我们的第一个思考，创业公司在优化体系和追求利润之间存在一种天然的矛盾。追求利润，就需要开源节流、快速出产品、压缩成本，符合轻的概念；优化体系，需要全方位布局，从长远考虑。因此，你需要有针对性地思考，创业企业如何搭建日后能够产生爆品的体系？

公司内部生态体系

因为爆品是在某一瞬间公司势能的整体释放，所以，当创业企业的愿景确立后，创业者从一开始就应该为了这一爆发点搭建生态体系，积攒势能。

一般的企业内部生态体系包括组织架构、公司资产、人员等，层级关系反映着谁负责什么工作，业务流程定义了工作完成的方式，绩效体系影响着人的主观能动性。

但在创业企业中，完全不是这么一回事，创新工场投资总监陈悦天曾谈到，他常常将创业公司比作是一辆 DIY 跑车，这部车的特点是零件都外露，随时散架，在奔跑的过程中，无数的零件会往下掉，车随时会抛锚、坏掉。CEO 把握公司战略大方向，就相当于把好方向盘，哪个职能不灵时就修补，相当于修补零件，用他的话说，“创业公司在这个过程中有三件事情是最重要的：人、事、钱。这三点构成了一个三角的循环体系。一开始有人，大家想做一个事儿，然后人和事都比较靠谱的话初期资金会有（可能自掏可能融资）。当事情慢慢看到成绩的时候资金会更多一点，然后可以招更多、更厉害的人，接着这些更厉害的人会把事情做得越来越牛，接着要不事情自己赚钱，要不有更大的投资商感兴趣。总之是个事情越来越好、资金越来越多、人员规模越来越大的循环过程。”[1]

在这样的企业中，还哪有组织架构和生态体系？公司随时因为市场的反馈调整状态，随时推出可能会失败的产品做可行性试验。在我们接触的大部分创业者中，很多人都是这种状态，层级结构无从谈起。

但是，越是这样的不确定性，越需要体系的搭建，就像 DIY 汽车，如果不加固它的发动机和框架，汽车随时就要报废。

以爆品思维来看，体系的重要性远远大于产品，组织的重要性同样大于单个个体。

简言之，爆品体系的内部架构需要从两个方面去搭建：

第一，以爆品为目标的生产体系；

第二， 以产品为核心的一切人和物。

不管是褚时健先生还是乔布斯先生，他们本身成为最大的爆品，就在于拥有一套能够生产爆品的办法，即他们总是能够生产出市场需要又具有极致品质的产品。

以产品为核心的一切人和物，是创业者很容易忽略的体系建设。如同精益创业中的定义，一个广义的“产品”，它包含了把普通人转变为顾客的所有价值来源。顾客在和企业的互动中体验到的任何事或物，都应该被认定为公司的产品。无论是杂货店、电子商务咨询网站、咨询顾问服务，

[1] 陈悦天：《创业公司内部体系的建立》。

还是非营利社会服务机构，都概莫能外。在任何情况下，组织架构都要为顾客提供一种新的价值来源，并关注其产品对顾客的影响。

这就使得企业在拥有爆品愿景之后，需要将所有与之相关人和物都纳入爆品的体系中去，具体包括：

- 产品：以爆品为核心的技术研发
- 服务：从爆品理念转向服务理念
- 协作：围绕爆品发生的部门之间协作和资源共享
- 管理：绩效、考核等一切与员工相关的事情
- 品牌：商标、品牌等软实力

公司外部体系

像某些企业轻视了供应链的复杂性一样，很多创业企业根本没有考虑过外部体系的作用。爆品体系的外部因素很多，核心包括：

- 竞争对手
- 供应链合作伙伴
- 顾客

首先是竞争对手。

实际上，根据爆品思维，每个细分行业仅可以出现一种绝对爆品，也就是说，人们只会记得住排名第一的产品，跟风产品通常不会有太大作为，即便是那些在消费者心中此消彼长的爆品品牌，也是由于排名第二的爆品

在定位上出现差异化竞争，而没有直接面对第一名。

优化爆品体系后，重视你的外部体系，认清谁是你的竞争对手，这时你不需要再打造同样的一款爆品出来，也不需要跟随它，你要做的是差异化，在细微之处做得比它更好。

其次是合作伙伴。

比如，供应链对于企业的作用，尤其是硬件企业的作用毋庸置疑。合作伙伴对于所有商业企业的作用都是相同的，爆品不是一个短期的行为，而是一种可延续性的经营方式。合作伙伴中包括了上游原材料、下游渠道、品牌商等各个环节。过去褚时健先生把红塔山做成世界品牌，其中有一项很重要的布局就是将车间开到了烟田，在计划经济体制下，用三合一体制的方式将原材料纳入企业生产的重要一环。当下，有很多农业企业也采用了同样的办法，用类似于合作社、合资公司等形式去把控原材料端。这些都是维持爆品的重要做法。

最后是顾客。

爆品不一定是流行性产品，但超级爆品最终都会从私人消费引发群体狂欢，企业要做的是找到这种能够打通个体和群体消费通道的引爆点。实际上，这是指产品通过表象（比如说物质需求、价格因素、包装条件等），深入打通了某些特定社会人群在某一段时间的共性心理欲求，触及了用户的心理。

从技术上分析顾客对于产品的影响是很多见的，但这里强调的爆品体系中，想表达的是，企业主或者决策者必须清晰地认识到爆品与普通产品的唯一不同，即它需要触及群体消费的引爆点，这是在产品设计和精神理念中需要事先设定的。当然，也有像褚橙这类在一开始并没有设定它要成为爆品的角色，不过，褚橙一类产品天生具备这种引爆点，褚橙背后的褚时健、励志、健康等都是可以引发群体消费欲望的因素。

提升产品运营的能力

以爆品为目标的生产体系和以产品为核心的一切人和物，构成了健康的企业内部体系，过去企业内部生产体系大多是线性结构，如今早已形成网状结构，用户可以直接影响到生产。事实证明，如今越来越多从 C 端到 B 端的产品出现，定制、个性化变成流行，这说明，不管是企业外部体系还是内部体系，都是一个网状的结构，任何两个环节之间都可连接。

首先，是企业内部的体系构建。很多创业企业忽视内部体系的搭建，而更多地集中在两点上面——生产产品、销售出去。实际上，大部分创业企业，尤其是非常多的生产型企业都是这样干的。

先看一个案例，2014 年，王府井百货宣布转型，从过去的传统百货经营模式转向购物中心和奥特莱斯业态，同时构建线上线下的全渠道体系。其采取的做法是除了现有实体门店之外，进军各种线上渠道，包括 PC 端官方购物网站、PC 端平台旗舰店、移动端 WAP 商城、微信商城、移动电子工作台、24 小时虚拟货架等七大新渠道。

外部体系的变化给企业内部的运营带来巨大挑战，比如支付体系、库存管理体系，还有会员体系、客服体系等，但王府井百货是成熟的流通企业，有足够的能力去应对外部因素带来的内部运营变化，能够迅速启动内部运营方案。

还有一个大家耳熟能详的故事是三只松鼠，三只松鼠的碧根果首次在天猫上销售过亿时，受到考验的并不是用户对这款爆品的评价，而是三只松鼠的爆品体系，即便是公司对爆品的变化早有预估，但依然难以应对巨大销售量带来的物流、售后、订单管理等问题。

因此，在企业内部打造爆品体系的过程中，依然要强调产品运营的作用，让企业内部体系顺畅起来，成为可循环的价值链，而不是死板的单向链条，这是初创企业与产品共同构建的。

实际上，运营一词出现在互联网和移动互联网语境下面，互联网企业更多将营销的角色看成是运营，比如，找准用户、认清用户、产品定位、营销包装，有一个说法是，假如你想选择一种东西来销售，那么首先你应该考虑的是卖什么东西，应该怎么包装它使它更加吸引用户注意，告诉别人怎么使用你的产品……这些工作就是产品生产时该干的事情；当你选好东西，准备所需要的材料的时候，接下来就是去推了，让更多有需要的人看见它，并且和他们互动，解决他们的需求，使用各种技巧刺激转化……这一系列的工作就是运营时该干的事情。

在爆品体系中，我们强调的是以爆品为核心的人和物，其中，重点在于产品运营。

产品运营与其他内容运营、活动运营、渠道运营等不同，产品运营贯穿产品从设计到生产，再到营销等所有环节，或者说，产品运营包含了其他各类运营方式。

企业打造爆品体系，目标在于构建能够支撑爆品的体系，核心在于产品，因此，提升产品运营的能力，是企业日后能否打造爆品的核心，如果没有这种能力，爆品仅是昙花一现，不能称之为真正的爆品，反之，即便是没有诞生出爆品，但产品运营能力的强大也会让企业的产品迅速流转起来，实现良好的周转。

提升爆品运营的能力涵盖着产品的各个周期。从最初产品的准备阶段开始，一直到产品设计期、产品上线期，直至产品迭代期，至此，整个过程再次循环。

从提升产品的运营能力角度来说，有几项工作是能否打造出爆品的关键。

用户分析

爆品与普通产品是有差别的，爆品一定是能够激发群体消费的产品。不得不承认，有些企业一开始并没有意识到这种差别，但在实践中却打造出了爆品，而有些企业从产品设计时就开始注意到这种因素。史玉柱在做保健品时，用投资的眼光发现了中国保健品行业的巨大机会，通过调查，史玉柱进入老年保健品市场，打造出脑白金和黄金搭档两款爆品。

史玉柱堪称中国最懂消费者的企业家，在打造脑白金时，他抓住了老年人的两种特点，一是老年人希望得到体贴、关心、周到的服务；二是老年人是从众心理最强的群体，消费能力强。

产品运营能力从用户分析开始，深度分析核心需求点，建立用户关系，对未来可能存在爆品的细分领域下手。

产品定位

爆品或者引爆流行，或者人人用而不知。但这对于初创企业来说，十分困难，市场红海厮杀激烈，跟随战略在打造爆品上毫无作用。在这种情况下，该怎么办？

最好的答案是重新定位，产品定位不是稀奇的事情，创业者们也不陌生，不过，产品定位是整个产品运营的关键环节，如果定位错误，爆品无从而来。

美国有一家公司的故事说明了重新定位的重要性。一家食品公司推出了一款用黄底棕字的小盒包装的糖果，叫做奶球，它是一种外裹巧克力的焦糖豆，用小盒包装出售。在这款奶球推出时，消费者已经习惯了好时、雀巢、士力架等牌子的棒状糖，后者在广告上已经花费了数百万美元。

奶球想要抢占市场，从现有市场上突围显然是不可能实现的，他们重视了重新进行产品定位，将后者的棒状糖果很容易被吃光给消费者带来的不满意入手，他们提出，奶球是最耐吃的糖果，因为除非你把整盒糖果塞在嘴里，那样嘴巴也会无法动弹之外，你只能一颗一颗地吃掉它，于是，这种重新定位找到了消费者心中的需求，同时规避掉市场上的现有品牌，最终获得了成功。

产品定位在我们看来，是打造爆品的源头，它与用户分析是息息相关的，产品定位影响着产品运营上的所有环节，如果定位偏差，爆品在日后根本不可能产生。

系统跟踪

在爆品诞生之前或是诞生之后，跟踪工作是随时都要做的。在最初阶段，需要关注引流，要用什么办法去引导用户过来消费，此后，更要跟踪转化来的用户有多少会购买产品，他们停留在产品上的时间有多少，习惯是什么。

产品运营者需要随时关注用户的需求，准备产品上的创新，不仅仅是售前、售中、售后的服务，还应该是用户分析，优先级排序，优化流量品和盈利品的顺序。

小米公司将用户参与感应用到产品设计中，实际上也是产品运营的一种方式，靠产品本身把用户黏在平台上，以一传十、十传百的方式扩大品牌效应。

运营创新

产品运营并不是简单的用户跟踪，也不是客服人员全程参与，它是一种价值链，每一个环节都是产生爆品的支撑因素，比如，运营本身的创新，目的就是激发消费者的二次消费、多次消费，形成品牌印象。

举一个简单的例子，很多创意菜餐厅都面临消费者审美疲劳的问题，企业也在运营环节作出创新，保证多次消费的发生，雕爷牛腩采取了菜单每月一小换三月一大换的解决方案，在保留了创意菜 VS 家常菜流量（Traffic）和包装（Pacakge）的优势上，提高了重复消费能力。一部小说被拍成电影后，也时常要在运营上分成多部拍摄，在流量和包装上作出创新，解决观众只看一次的难题。

运营上的一些创新同样是爆品体系搭建的一个要素，比如爆品的引流办法、销售方式创新、用户参与度等话题，核心目标只有一个：让日后的爆品能够长销，经久不衰。

形成良性流转

爆品的外部体系跟企业的渠道管理类似，在外部体系中，涵盖了市场环境、供应链及用户。相信下面两个企业的故事能说明一些问题。

ZARA，在服装业整体遭遇寒冬时，依靠 ZARA 模式成为服务业的快时尚、爆品企业，背后为人所称道的就是ZARA极速的产业链。

ZARA极速供应链模式大家并不陌生，既有传统的外包流程，也有公司内部整合上下游一体的生产流程。我们认为，ZARA极速生产模式有几点值得研究。

小批量多批次生产

ZARA的设计团队常年游走在市场前沿，时刻了解消费市场的流行趋势，第一时间将信息变成产品。ZARA会把款式设计与物料分开，从来不会一开始就把当季预计销售量全部生产备货，ZARA通常在新品上市时只生产20%的初期生产量，其余的订单是由各个网点的实时信息汇总分析而来，这样即使前期预测失误，对于ZARA来说，20%的库存消化起来简直不费吹灰之力。这就解决了服装行业的库存难题。

垂直一体化生产

ZARA通过一体化生产来把控产品的质量，从设计到生产都在ZARA内部实现，自有工厂根据服装类型的不同，实现自动化和专业化分工，将服装设计这种具有极大的人的因素的工种，也进行了流水线作业。

供应链管理

ZARA的供应链管理一直以来为业内所称道，供应链是ZARA保持快时尚、低库存的关键因素，他们把潮流敏感部分外包给市场就近的供应商，保证高效运转。

自建物流系统

很多生产企业的物流都是依靠外部系统来完成，包括原材料和产品的配送运输都由第三方物流公司配合，但ZARA一开始投入巨额资金，用于自建物流系统，这与它定位的快时尚相吻合，物流的坚实让ZARA实现了准确快速地配送。

ZARA整个外部体系搭建，让ZARA成为服装业的爆品品牌，我们从中可以看到，良性高效的流转是爆品体系中必须的支撑，ZARA如果没有诸多供应链和内部生产体系的布局，根本无法完成高频度、小批量的生产，更无法应对市场上快速出现的时尚需求。

另一个故事是关于戴尔的供应链设计，与ZARA有相似之处。

首先是零库存。戴尔能够实现零库存关键是按订单生产，戴尔有6座工厂分布在全球各地，包括马来西亚的槟城和中国厦门等，戴尔要求所有的供货商都要在工厂旁建仓库，就近供货，不愿意配合的供货商直接从戴尔的供应链体系中剔除。这就使得戴尔可以让数百家的供货商集中订单，极大缩短生产时间，接到订单后，通知供货商送零件过来，从进料到组装完成出货最短只要4个小时。大幅缩减零部件的运输时间，使戴尔能实行先接单后生产的经营策略，保证客户的订单能在第一时间转换为完成的商品，并快速送达客户手中。

其次是供应链上的信息流转效率，戴尔供应链的供货商们对于戴尔的产品计划、运营策略非常熟悉，他们很清楚戴尔的未来计划，这对于他们来讲，是为了避免库存过多造成亏损，或者库存不够被戴尔替换掉，戴尔同时也随时把握着供货商的信息和动态。供应链上的各个环节是一种高度信任和协作的关系，整个链条为价值增值过程，戴尔高度运用信息科技，架构联结客户、管理生产线和联络供货商的基本骨干，并要求供货商配合。

再次，戴尔对于顾客，采用直销的方式，类似于当下的定制生产，戴尔早早就实行了与顾客的零距离接触，采取直销方式，贴近市场，根据消费者需求出发，定制生产，库存量远远低于行业内其他企业。

最后，戴尔通过供应链条的改造，降低了成本，在戴尔开创接单生产的模式以来，订单处理效率提高了50%，错误率降低了50%，每座工厂的存货成本基本为0。这一系列成果，都是戴尔供应链优势的展现。

不管是ZARA的快模式，还是戴尔强化供应链，都隐含了爆品体系的良性运转。

产品运营和外部体系共同构建了爆品的生态系统，每个环节上的成员类似于群落。生态系统意味着流动，企业与企业之间的能量交换、信息交换、资金交换等，这个系统流动得越快速、高效、健康，爆品体系就越牢靠。

使用时间与提升效率

仅仅拥有健康的爆品体系还不足够支撑爆品，其中有个很关键的要素就是时间与效率。

“兵贵神速”与“唯快不败”是互联网语境下企业生存的铁律，近年来，日本的工匠思维不断受到质疑，日本很多制造业企业如今挣扎于泥潭之中，被诟病最多的就是转型与速度的问题。

与市场抢时间，与同行抢效率，两个要素在爆品体系中缺一不可。

前者说的是精益创业的思维，只有将产品快速推出市场，才可能及时调整方向，优化产品；后者表述的是一个企业运行体系的高效与否，这是抢占了市场之后维系用户并形成品牌印象的考验。

我们前面谈到提升产品运营的能力和实现企业外部体系的良性运转，仅仅做到这两点，企业可以很好地运作下去，但对于承载爆品的企业来说，还远远不足够。

在速度和效率的提升上，我们一直推崇二十世纪八十年代诞生的时基竞争战略。

时基竞争本是波士顿咨询公司的乔治·斯托克、托马斯·豪特和菲利普·埃文斯开创的以日本企业经验为基础、重视能力的战略论。

时基竞争是指产品被生产出来，运到市场，并提供给顾客的速度上的竞争。虽然新的制造方法、柔性制造系统、计算机辅助制造等大大提高了企业生产效率，但是进一步提高企业时基竞争力必须加强组织信息流，提高如仓储、运送等物流活动的速度，减少响应时间和交货、发送时间，特别是物流成为获得时基竞争优势的关键。

“行动更快才能赢得竞争。”时基竞争正是源于这个最初的想法，而后进行了大量的论证，其核心观点包括两个方面：一是在提升附加值方面，从客户要求到对应完成的时间缩短；二是在节省成本方面，缩短所有流程的时间。

当时，丰田和本田开发一种新车平均需要 36 个月，美国企业则需要 60 个月，差别并非来自于生产技术、劳动力、管理体系这些环节，而是在于各个部门间的信息流通，包括了企划、开发、制造、原材料配送方、零件生产等部门在尽早的阶段分享情报，减少无谓的环节，很多工作可以同时进行，这就是日本企业的“使用时间”的方法。[2]

使用时间与提升效率是同时发生的，时间成本降低了，效率必然提升。时基战略对于我们今日探讨的爆品体系依然有用，就像时基竞争策略从生产企业发展应用到各行各业中，它已经成为一种理念和思想，尤其在互联网时代下，能否快速推向市场更是考量企业效率的重要因素。

沃尔玛在零售业牢牢占据第一的位置，其本身就是一个爆品企业，靠

---

[2]　三谷宏治著、徐航译：《经营战略全史》，P130。

的就是加快反应速度，平均每星期两次货架上货，其竞争对手却是两周一次。

笔者接触的一家生鲜连锁企业在效率与时间上曾经做出过很多尝试，为了加快运行效率，这家企业曾经对所有产品的上货时间分别做检验，他们总共有上百种的水果品类，由于每种水果的产品周期不同，保存时间不同，客户购买的频次也不同，对此，他们针对每一种水果都做出了单独的测验，根据实验结果决定上新、进货的频次。在这种体系下，他们在销售明星水果时，很少出现断货、库存等压力。

我们遇到过的另一家生鲜电商企业，对于物流配送环节的时间与效率做过试验，这个想法最初源于一次失败的经历，当时他们销售了某个产地的车厘子，通过社交媒体等营销方式，这款产品一上市就销售一空，但是，车厘子对物流配送环节要求极高，而初创企业并无经验可言，仅仅在物流这个环节，这家企业就吃尽苦头，退货量、投诉率、差评如潮水般袭来，创始人刚刚享受爆品带来的丰富订单，继而就迎来了对企业而言几乎是灭顶之灾的困难。不过，正是因为这次经历，他们开始重视体系的搭建，在提升效率方面，他们精确地计算过各种水果的配送条件，不同品类需要不同的包装，不同品类选择不同的物流公司，配送地点也决定着物流公司的选择，在经过这些细微的改进之后，在极具挑战性的生鲜电商领域，他们占据了一席之地。

想想看吧，你的体系能否在各个环节支撑爆品？你的企业运行效率到底有多快？认清这一点，起码你不会败在爆品收到第二次订单之前。

产品的更新迭代

你现在还在用哪些爆品？

可能回答苹果产品的人占据多数。

你现在并不使用，但还记得的有哪些红极一时的产品？

这个问题的答案就多了，近几年来，互联网领域出现过太多超级火爆的产品和网站，他们火爆的程度几近全民使用，比如，社交网站人人网、开心网，火爆的游戏愤怒的小鸟，拼脸软件脸萌……

相较而言，为什么苹果产品长期堪称爆品，而上述产品却无法延续爆品态势？

抛除其他的因素不谈，笔者认为，最核心的问题应是产品无法做到更新迭代。

在互联网领域、移动互联网领域，开发出一款优秀产品的并不少见，但他们无法在下一个版本、下一代的产品中继续赢得用户的心。苹果公司不同，他们通过不断更新迭代，做出开创性的产品，搭建起自己的爆品系统。

爆品的更新迭代，并不是要求每年都开创一款全新的产品，而是在既定节奏下，不断对产品进行优化，达到极致。爆品需要高品质的产品作为支撑，但十年磨一剑的做法不适合眼下的环境，市场环境的变化、用户的需求变化等都容易造成产品不适应市场，因此，快速出击是制胜法宝，在快速之下，如何达到爆品的品质？答案就是通过更新迭代来完成。

一家科技类的企业开发出一款新产品，八成在市场上是不受欢迎的，没有人可以做到产品一上市就广受青睐，包括褚橙在内，在第三年结果的时候，不是这样的问题就是那样的问题，人们只知道褚橙经历了10年的历练才造就了它独特的口感和标准化一致性的特性，但人们忽略了，这10年中，褚橙也在通过反复地实验、检验、反馈来优化它的品质。

更新迭代同时具备着一大优势，即研发成本的降低。苹果第一代产品推出背后，必然需要高额的研发成本、供应链成本、管理成本，而后每一代产品的投入会呈递减效应，尽管苹果系列新产品不一定具备第一代产品的惊艳和创新效果，但与同行业同类产品比较，苹果产品依然是更新迭代做得最好的产品。

爆品也一样，企图一下子就打造出爆品是不现实的，认为更新迭代只发生在科技领域也是狭隘的，任何企业在推出爆品时，必然都经历产品迭代的过程。

这可能让人有点难以接受，毕竟作为工程师的你、企业掌舵人的你，希望产品一问世，即得到消费者的一片赞扬，哪怕有些许的反对声音，这种声音也是被你当做产品不断优化的动力，但你无法接受你的产品在不完美的情况下交给你的用户。

你必须有产品迭代的思维，有一位做电影的导演曾经说过，你拍出来的东西被骂得狗血淋头也比无人问津要好多了，这是任何一项爆品都必须经历的过程。

更新迭代很容易给企业带来一种误区。首先，这个过程并不是通过你分解产品的研发步骤来实现的，而应是缩短产品研发时间、快速推向市场，由市场来决定如何优化；其次，更新迭代不是容许产品边改边推出，而是完成产品生产之后，先推出 1.0 版本，再推出后代产品。

想要形成最终势能的爆发，需要承载比普通产品更大的挑战，比如用户数量、功能、反馈、不同人的不同喜好等，爆品没有此前多个版本的更新迭代，根本无法在势能引爆的一刻正常运转。

爆品迭代还有几项优势：用户不知道自己的真正需求，迭代的产品可以不断试错；市场环境变幻莫测，产品不必做到精准的需求分析。这些因素让你能在自己设置的爆品体系下，快速出产品，由市场做检验，根据用户反馈做优化，迭代达到产品的极致品质。

控制成本

正常情况下，没有人会怀疑爆品带来的回报，无论是品牌效应还是经济效应，追求爆品是企业的终极目标。

不过，在实践中有时候会有一些现象颠覆常识。比如，在文化出版行业，每一家出版商都在努力追求名作家、名作品，新闻报道也往往将焦点放在那些红极一时的作品上，不过，我们在研究一些出版社的营收报告时却发现，事情常常有想不到的一面。

在一家知名的出版社年度报告中，那些人们耳熟能详的作品、有些单部作品销量过100万册的作品，在年利润贡献中却只占了20%左右，其他有着固定渠道、特定用户群体的作品，如教材、童书等领域的利润则贡献了40%，还有一些作品是市面上不知名的，销量在两三万册左右，这类不显山、不露水的作品贡献的利润却比爆品还要高一倍。

这其实又回到了我们之前探讨过的，什么是爆品，是知而不用，还是用而不知的产品？另外，这个现象背后也透露出成本的问题。

福特第一次面向广大消费者时推出的汽车宣传口号是“买一辆福特，花销不同看得见”，福特当时追求的就是打造出一款普通人买得起的畅销品，正因此，他开始走上了不断追求降低成本的路径。

你有没有能力让你的产品背后的任何一个环节都能降低成本？你可能做不到，于是，你会看到这样的结果，要么，爆品根本无法贡献你预想的利润，甚至是比不上普通的常销品，要么，你没有大规模的投入无法打造出爆品来。

福特是怎么做的？为了让T型车降价，福特在任何一个环节都不放过控制成本，技术的改进意味着生产成本的降低，1910年，公司将制造基地迁往高地公园厂房，创造出了“福特之工业奇迹”。为了减少中间商，福特曾经采取了垂直整合的计划，收购了1条铁路、16座煤矿，以及运输船队等，尽管垂直整合计划饱受诟病，但从中可以领悟一点：福特先生对成本控制近乎痴狂。

褚时健先生也是成本控制的高手，他被企业家们誉为精算师，能够计算出最优投入产出比，《褚时健：影响企业家的企业家》一书中写了褚时健在当时生产会上的原话："搞企业，必须讲效益，具体到一个小糖厂，就是要算一吨蔗糖能出多少糖，它的成本，也就是原料费、燃料费，还有人员、水电、机器磨损等其他费用是多少。现在这种高耗能、低产出的生产方式，怎么可能不亏损？"

作家先燕云还在书中总结称，褚时健在企业经营中运用得最出神入化的就是利益平衡和经济效益，这成为他在企业经营中频频获胜的关键因素，他所有的经营管理方法几乎都围绕这两个因素展开。经济效益是一个动态关系，它反应的是投入产出比，褚时健很早就掌握了这个动态模型，不能只强调收益，也不能只强调成本，而是寻求一个最好的比值。因此，在后来的很多实践中，他总是加大成本，但收益却总能翻倍增长。

一位企业家曾经说过，生产出热销产品并不难，难的是在每一个环节都控制好成本。回到前述故事，畅销作品之所以贡献的利润不高，问题就在于成本，从作者的版税、营销、印制、推广等各个环节来看，畅销作品每一个环节都比普通作品成本高得多，即便完成十几万的销量，也无法填平成本。而常规普通书在每个过程中投入少，利润回报就超过了畅销作品。

与传统出版业有些类似，笔者接触的大量企业都是实体企业，在控制成本上，主要涉及以下几个方面：

一是生产成本。在产品研发生产过程中，如何控制成本？互联网科技公司给了我们很多启示，如用可行产品去试验，采取产品更新迭代的方式降低成本。

二是渠道成本。自有品牌和独立渠道会使成本大幅下降，构建自身的线上、线下闭环体系也能够降低成本。

三是推广成本。三只松鼠能够在极短的时间内迅速抢占市场，与背后的资金实力有莫大的关系，对于普通创业者来说，没有资金优势，推广成本的降低需要各种引流办法。社交媒体的发达和自媒体的兴起，使得一些低成本的内容引流方式和口碑营销变得实用起来。据说一家新兴的互联网金融创业公司，最初采取了全员做客服的方式，不管是创始人，还是客服人员，随时在线，这极大地降低了获客的成本。

根据以上所述，试试计算一下，你打造的爆品背后有多少投入，你如何在各个环节上节省成本，让渡价格给消费者？

试错经营

如果我们请研究员做这样一项实验，选取国内外最知名的爆品，从产品创意开始到在消费者心中形成品牌印象为止，看看这些爆品实现这个过程到底经历了多少次的失败。目前还没有人做过这类研究，恐怕结果会让人吃惊。

日本学者三谷宏治在《经营战略全史》一书中，对谷歌成为搜索行业老大之前的经营策略进行总结，他称，谷歌每年以7000次试错来改善谷歌，2000年，谷歌初次挑战试错测试，虽然没有达到预期的目的，但他们知道了，“检索结果的显示时间很重要”这条教训，这句简单的教训让谷歌在日后发展中直接规避掉很多弯路。

2001—2010年期间，担任谷歌CEO的埃里克·施密特曾经在2003年说过这样一番话：

当今社会的工作与经济成长，都来自于中小型企业，大家一致关注的只有世界500强之类的企业，然而冒险者推动经济这条原理，在美国以外的企业仍然适用。我们应该庆幸参与者的数量众多，因为众多的参与者让机会变得多样化。[3]

应对机会的多样化，唯一办法就是不断进行一些看起来无用的小型试错行为。

如今的初创企业一般会明白试错的道理，但是在打造爆品时，却变得异常焦躁，人们心目中的爆品过度完美，被赋予的任务过度繁重，很多因素导致产品被期望一面世就深受消费者喜爱。

但爆品是一种体系思维，这是一个过程。以华为手机为例，近几年在

[3] 三谷宏治著、徐航译：《经营战略全史》，P242。

智能手机领域，华为手机逐渐迎头赶上，在产品层面，其背后实际上经历了很多次试错。

2012年，华为发布P1，此前华为内部经历过多次试验，直至P1问世。此后不久，华为推出D1，但上市时间一拖再拖，推迟了大半年，错过了宣传和推广的最佳时机。

华为终端营销副总裁邵洋之前接受媒体采访时坦言："这个过程对我们很重要，虽然失败，我们却磨合了几样东西。比如通过D1的失败，华为内部进行了手机终端与旗下海思芯片的磨合。而之后的D2，华为磨合了材质，积累了在手机中运用金属工艺的经验。"

这些知名企业的经历为我们提供了明确的方向，优化爆品体系的过程，也是一个不断试错的过程，在互联网上，试错行为有时候变得更加方便快捷，成本也更加低廉，比如谷歌的A/B测试经历，就是在网页上准备多种多样的图片和说明文字，将这些不同样式的网页实际公开供人浏览，在访问网页的人中，分出一部分（在其不知情的情况下）将他们诱导至新样式，根据实际的点击数与转化率判断哪个样式更好。

一项爆品的背后，试错实验越多，爆品体系越稳固，未来更能适应各种复杂的情况，不要把希望寄托在完备的计划上，这些计划只适合用于爆品体系形成后，但是，市场是变化的，永远都不知道用户下一秒会爱上什么，这不是他们的错，企业要做的就是在试错过程中发现他们的喜好。

不断适应变化

社会发展变化的大方向一直没有变，但分工越来越细，新技术的出现导致商业社会几乎每两三年就迎来一次巨变。

比如大数据，这项技术的出现让一切基于信息不对称的物理世界而建立的商业模式在未来都将迎来变革，这种商业环境的变化是任何企业都无法阻挡的。

大数据、移动互联等技术创新改变了传统的商业模式，因这些技术而诞生的企业得到了发展机会，他们是趋势的弄潮儿。

而其他企业随时随地都要根据内外部竞争环境的变化，调整战略方向和战术方针，这种变化通常有三个维度。

一是企业的自我变化，无论是处于发展的任何阶段，都应该自我审查和创新变革，积极主动地推动经营管理；

二是应外部环境的变化而变，借势而上，顺应形势企业才会做大做强；

三是持续完善，这是一个量变到质变的过程，不断调整生产关系，提高企业的适应力和竞争力。[4]

回到我们的初创企业来说，处于这样的商业社会是一种幸事，变革对

---

[4]　陈春花、乐国林、曹洲涛等著：《中国领先企业管理思想研究》，机械工业出版社，2014年7月版。

创新意味着机遇，但你能不能跟得上？

再说消费者习惯的变化，移动互联技术让连接一切变为可能，购买驱动从过去的生产者引导转化为社群圈层中的意见领袖为主导，购买习惯从传统的线下为主变为线上交易、线下体验，传统的销售过程从卖家流向消费者转变为消费者流向产品。诸如此类的变化层出不穷，这些给初创企业带来挑战。

就企业而言，经营策略需要适应这种变化，产品为核心的爆品体系同样需要适应这种变化。

你能想象吗？当你用了饥饿营销、社会化营销等种种办法之后，第四代消费者已经进入更加主观、注重精神诉求的阶段，研究者称为不定性的一代，再用过去的老办法去维系你的爆品，还能维持他们心目中的畅销品地位吗？你的体系是否能够跟得上善变的消费者？

因此，爆品体系本身也需要一个不断适应变化的过程，它是不断流动的，条件变化导致爆品体系也在变化，认清这个现实之后，你要做的就是用发展和变化的眼光来打造爆品体系。

值得庆幸的是，市场在推着你做出这种清晰的认识，做不到这一点，市场会毫不留情宣告你的失败。

| 第七章 |

用个人 IP 制造爆品

试想两个场景：

1. 你独自玩手机的时候，总在重复类似这样的注意力转移行为吧：先玩一会儿小游戏，突然接收到淘宝某网红的新衣发布推送，跳过去看看——咦，又有个新闻说某个视频超火爆——跳过去再瞧瞧。

2. 当人们聚在一起聊天时，有没有发现，你们对话聊天的推进形式是以话题为中心的，在一个接一个话题之间转换进行。有些话题是私人性质的，围绕你的社交圈展开，而有些话题是公众性质的，似乎谁都可以评议几句感觉或见解。

以上，就是我们注意力天然存在的形态：无论是独处还是身在社交关系之中，无论是吸引你关注的内容，还是吸引你讨论的公众话题，都是某种意义上的 IP 雏形，它们像散落的光点一样分布在我们的日常生活里。而当一个事物能稳定吸聚大量注意力时，它必然具备某种固定特性，可持续强化、衍生，成为稳定发光的“星体”。

那么，要成为一个吸聚注意力的“星体”，需要什么前提？或者说，当被问到“为什么喜欢一样事物”的时候，你会怎么回答？

Papi 酱的粉丝可能会说：因为 Papi 幽默犀利；罗辑思维的粉丝可能会

说：因为罗振宇博学广识；魔兽玩家可能会说：因为它设计精良，非常好玩。

这些答案表面上看似理性客观，但如果直击本质，一定是因为它唤起了我们某种感觉，让我们“感觉对了”。

譬如Papi酱让我们感觉“痛快！这就是我想说而没能说出口的话啊”；罗振宇让我们感觉“好像又获得了一些新知变得更智慧充实了”；魔兽世界让我们感觉“荣耀、归属、感动、有个人价值”。

这种“感觉”正意味着成功的心理唤起，也就是时下大家所称的IP化。

到底什么是IP呢？是以网红为代表的人格化内容媒体？是一时风头无两的热播影视？是病毒式蹿红的动漫游戏？可以说都是，也都不是。

如果一定要给出一个定义，笔者更愿意把它形容成一个以注意力热点为中心，能持续进行某种心理唤起的事物。它可以是一个人，也可以是一部小说或影视作品，甚至可以是你能想到的任何一样事物——前提是这个事物拥有特定的心理唤起功能，像一个星球，放射出吸引眼球的耀眼光芒。

再进一步，从商业角度看，IP的外在形态是非固定的，小说、影视、游戏等都行，像一个自成体系的生态网络。

2015年9月，郭敬明在腾讯影业成立发布会上说：“所有在好莱坞对IP非常了解的人里面，他们所理解的IP是任何做成功了的整体开发的项目，才可以称之为IP，IP是需要被检验，是需要经过验证的，而不是你有一个小说成功了，它就可以是一个成功的IP了。”

而一个故事、一款游戏、一部影视剧，当它被创造出来并足以称作一个 IP 的时候，它特定的那种心理唤起就已基本定型了，它持续进化的可能性有吗？有，但不大。

从这个角度上讲，我们认为：在这个热炒 IP 的时代，人才是最大的爆品。

因为只有人可以和他创造的产品、平台一起，形成一个持续成长进化的体系，在不同阶段辐射出略有差异、但不断增强的心理唤起能力，将爆品 IP 力持续发挥下去。

从罗辑思维说开去

罗振宇团队进化论

罗振宇，自媒体“罗辑思维”的标识性人物。2008 年，罗振宇离开央视；2012 年，《罗辑思维》第一期节目在优酷上线，同年，微信公众号“罗辑思维”开始每天 60 秒的语音发布；2015 年 10 月，罗辑思维宣布完成 B 轮融资，估值 13.2 亿人民币。仅从商业角度看，罗振宇和他的罗辑思维，无疑是自媒体运作的成功案例之一。

而在这三年多的创业历程里，罗振宇和他的团队完成了哪些自我进化来成就“罗辑思维”这个 IP 典范呢？我们一起来看看。

起点：知识有捷径，弯道可超车

2012年，罗辑思维创始之初，罗振宇通过每天早晨发送60秒语音演讲的死磕精神崭露头角，他从“破除旧观念，带来新认知”的角度切入，进行内容选材，确实让一开始接触他的听众们耳目一新。

但初始阶段的“罗振宇+申音”团队组合，刚从传统媒体转向互联网自媒体，显然还是有些迷茫的，这个迷茫感体现在他不断为“自媒体”定义正名发声的过程里，体现在对用户引导、社群化的探索里，还体现在一系列对自身商业变现能力的尝试里：包括构建会员体系、吃“霸王餐”、相亲及业务信息发布等。

除了适应媒体工具的变化，研究不同的表达形式以外，互联网用户在接触、互动方式上都更为直接，紧密度是把双刃剑，这种“自由人的自由联合社群”看起来很美，但实际价值兑换能力还得打上问号。

总的说来，这个阶段的罗辑思维，一切都在摸着石头过河。

当我们从研究一个IP的角度入手去回顾处于这一阶段的罗辑思维，大家还能记起它的定位吗?

Slogan（口号）说的是“有种、有趣、有料，做你身边的读书人。”这前半句没啥问题，一直沿用至今；后半句后来被砍掉，现在已经基本看不见了，这是为什么？在第一季视频节目片头里有一段话解释了后半句的意思，也同时生动展示了罗辑思维在初始阶段的定位：这段话大体说的是古时候读书太苦啦，那些有权势地位的人好多都是花钱雇人读书给自己听的，所以从今天起，罗振宇就是那个在你身边为你读书的人哦——还是免费的。

这个片头描述暗示了这样一种讯息：从接触罗辑思维起，你可以不必费劲读书了，可以直接躺在智识优越感上偷懒了。它满足了这样一种心理需求：我可以不用太费力，就每天听一听，便能获得某种虚幻智识的满足感，真是最省心的提升自我的方式啊。

所以在初始阶段，它的心理唤起本质上是：做一条知识捷径，助你拥有弯道超车的快感。

不可否认，这样的定位和心理唤起，在初期是快速有效的。但是，“更有效率地获取知识”这个目标看起来没错，实现起来是真难。

且不论罗辑思维初期节目里提到书籍质量的优劣，也先不必纠缠于节目观点立论的严谨程度，单看这样的先声夺人的定位和心理唤起，明眼人或说真正的读书人必然会为它抱有隐忧、捏一把汗。

成长：做时间的朋友

时代趋势车轮滚滚而来。社会普罗大众已不再为温饱问题、生产生活基础物质资料犯愁，下一个需求是什么？用什么手段来有效满足？

2015年末，罗振宇用那场著名的跨年演讲做出了自己的回答——罗辑思维要做《时间的朋友》。所谓时间的朋友，就是不与趋势对抗，顺势而为。

在这点上，罗振宇和他的小伙伴们确实在不断成长。

以人为注意力热点的IP，都会面临一个残酷的挑战：那就是成也萧何，败也萧何——人是最大的优势，也可能成为最大的限制性软肋。如果能破除个人局限性，让整个体系与自身一起不断成长，就是系统利好，反之，则会陷入徘徊不前的泥沼。

如果从罗振宇个人阅读偏好看，他是更爱历史类书籍的。这点从罗辑思维早期的语音和系列视频节目中可以看出来。在初始阶段的视频节目中，他频繁引用的书目，大部分可划归到中国古代史、近代史、世界史、经济发展史这些范围里。还有一个占比不断提升的类目——以互联网和人工智能为代表的科技前沿领域。

但显然，罗振宇和他的团队也意识到了：知识类服务平台的内容输出者，不能局限在个人或一个小团队身上。当输出端没有足够体量的时候，接收端也无法释放出巨大引力。

怎么做才能真正满足用户日益增长的知识类需求，让用户更有效率地获取知识？2015年罗辑思维和他的团队，开始启动“得到”App项目。11月，“得到”App1.0版本正式发布上线。

细心的用户可以发现一个很有意思的点，在初发布的App版本里，有一个重点功能叫“金句”，并且它还占据了一个独立的标签。这点让人初看很有些困惑，但想想却又极具意味。为什么这么说呢？因为这个功能它很能代表罗振宇最初的定位——提供快餐式知识饱足感——从系统化的知识体系里抽出某个启发式的亮点，让人若有所思觉得很受启发。但这样的产品数据表现会持续看好吗？笔者不这么认为。

在其后的产品改版里，不知道是不是数据表现不尽如人意，这个金句功能被弱化了，取而代之的，是更能承载起一个标签地位的“订阅”功能：吸纳各细分领域专家，让专业的人传播专业的知识。这次转身，无疑是一大进步。

罗振宇和申音分家后，李天田加盟，担任罗辑思维 CEO。

她在 2016 年 7 月分享的一次演讲《与时间结盟——知识类内容创业的路与坑》里，回顾谈及了当时 “得到”App 设计初衷：

“罗辑思维最开始的时候，商业模式是内容产生流量，通过流量变现，通过罗振宇讲内容聚集了大量的粉丝，然后向粉丝销售商品实现变现。那内容本质上是为流量服务的，而流量是可以买的，为什么一定要自己做内容来产生流量呢。如天猫商城有许多店的流量就是买的，而且质量还很高！这里是有一个悖论的！后来想明白了，罗辑思维与其他电商企业不相同的是，内容本身就是商品！这也就是为什么罗辑思维做了‘得到 App’，这就是一个质的突破！”

可见，她从商业交易的纬度理解“得到”的价值，聪明犀利，但这样的理解还不够——至少对于一个知识服务平台来讲，个人认为，不够透彻。但好在罗辑思维已经抓住了一个重要的时间窗口，团队也在不断稳定成长，一切都在状况内运转，这颗“星球”还转得不赖。

进化：知识力连接器

书籍，这个人类知识的海洋何其广阔。在任何一个细分领域里，真正敢说“我已站在前人肩膀上”的人，都不过寥寥。点滴知识的问题在于，它们无法进入人脑协助思维形成系统化建构。就像水滴入河流，时间一过，就被冲散到不知名的地方去了。

如何真正有效、有框架步骤地传递知识，让用户获得真知并成长，是罗辑思维后续发展进化的本源目的。如果能不偏航，在成为知识连接器的路上持续迭代进化，罗振宇和他的团队还是让人满怀期待的。

不管怎么说，评议别人容易，反求诸己无比困难。能在这样一个时间节点里，出现这样一个自带 IP 技能的物种，对求知欲尚存的我们来说，已经足够幸运。

名人的磁铁效应

检验产品的品牌代言人效果，最好的办法是让孩子去购买。

给你的孩子列一张购买清单，当然，清单上的产品以儿童产品为主，看看会有什么结果发生。

不出意外，孩子买回来的产品都由他们心目中的英雄来代言。男孩通常会购买带有蝙蝠侠或超人的服装，女孩会买回芭比娃娃穿过的礼服，对于他们不熟悉的产品，结果也是如此，孩子们会以产品的形象去决定是否购买，力量、美丽是他们选择的动力。

名人像一个磁场，天生带有磁铁效应。

名人自身就是品牌。全球首席品牌营销大师马丁·林斯特龙在《品牌洗脑》一书中说道，“我把名人定义成符号或是偶像，他们不仅拥有，还代表着许多人觊觎的令人渴望的特质。可以是美貌、魅力、性吸引力、诱惑力、沉着、温和、威慑力、音乐才能、运动能力——任你怎么说……我正在说的是一种更为微妙的心理策略，这种策略哄骗我们消费者去相信，名人几乎是炼金术般地把他们的特质转移到了食品、饮料、汽车、香水、面霜、行李箱、信用卡等商品上，在这天衣无缝的过程之中，我们不知不觉就被说服了，而且认为购买这些产品就等于购买名人的一部分。”

事实证明，人们真的会因为名人效应而去购买产品。

因此，在美国，香奈儿有玛丽莲·梦露的代言，运动品牌有 NBA 篮球巨星代言；在日本，有木村拓哉代言的时装，中田英寿代言的啤酒，岚组合代言的移动通讯产品；在中国，伊利请当红小生鹿晗代言，00 后组合 TFBOYS 在 2015 年就为蒙牛酸酸乳、芬达、步步高家教机、雅客食品等产品代言。

从效果来看，以 360 手机助手为例，自从 2015 年 12 月宣布 TFBOYS 担任代言人后，360 手机助手人气骤升，配合代言人计划推出的 360 手机助手 TFBOYS 版发布仅 2 周累计下载量即突破 60 万次……

世界知名时装零售商、瑞典H＆M公司与美国著名女歌手麦当娜的成功合作让H＆M这个品牌从北欧迅速扩展到世界各地；另一家瑞典男装零售商“兄弟”公司的代言人——瑞典冰球名将马茨·松丁也帮助企业提高了知名度。

名人之所以有这么大的魅力，在于人们对名人的传奇天生具有一种向往。

杜克大学福库商学院和加拿大滑铁卢大学一起作了一项有趣的研究，发现对于已经建立的品牌而言，比如苹果或者可口可乐，哪怕是转瞬即逝的接触，也能让我们接受该品牌所拥护或其所代表的含义。举个例子，仅仅是看到苹果的商标，看到这个与创意联系在一起的品牌，人们就会更具想象力地去思考。所以，既然名人都如此传奇，那么接触他们的品牌不也会让我们沾上同样的传奇吗？[1]

越来越多的企业认识到名人对于品牌起到的积极作用，但是，他们正在从明星代言向企业创始人代言转变。

毕竟，企业创始人能够为产品带来一种有温度的标签，容易让人们通过形象代言联想到产品的特性，同时，也有大批名人转型成为了企业家。

在上海交通大学安泰经济与管理学院副教授伍青生看来，企业家个人品牌往往与企业的成长和企业品牌有着天然的联系，其形象本身就是企业

[1] 马丁·林斯特龙著、赵萌萌译：《品牌洗脑》，中信出版社，2016年7月版。

品牌的一个符号或缩影，代言自己的产品自然最有说服力。

企业创始人 IP 化

你现在已经对企业家名人效应习以为常了吧？

如今，几乎每一次的新产品问世、新战略发布、供应商大会、年会……都被企业创始人当做了一场声势浩大的个人表演会。

比如，乔布斯、马云的出场，被观众视为神一般的存在。

乐视创始人贾跃亭，举办了多次不是演唱会的“演唱会”，单是 2015 年 10 月 27 日在北京五棵松体育场的那一场乐视发布会，就邀请了孙红雷、李小璐、李云迪等 20 多位明星到场，1700 多名科技圈的记者来到现场，众星捧月中，男主角贾跃亭骑着自行车、头戴墨镜，缓缓登场，整个发布会的盛况不亚于一场演唱会。

再比如，小米科技创始人雷军、锤子科技创始人罗永浩，他们将每一场新产品发布，都演绎得如同一场盛大的演讲会。

创始人们为什么热衷于此？

目的在于塑造个人 IP，在当下的媒体语境下，去打造个人的属性，以话题撬动，形成创始人的强 IP。

成功的商人都必须有属于自己的 IP，建立个人 IP 才能去进行价值输出，最终导向产品。

2013年，格力董事长董明珠与小米科技创始人雷军上演了一场世纪之赌，在央视年度经济人物典礼上，受节目的“推波助澜”，雷军表示，如果五年内小米模式营业额击败格力的话，董明珠赔给自己1元。董明珠则立马向对赌浇上一层“热油”，声称如果被击败，愿意赔上10亿元。由此，董明珠在塑造个人IP的道路上成为传统企业家的新典范。

一位IP营销研究者对董明珠IP化过程进行分析，他认为，董明珠的IP化营销是成功的，第一步，董女士巧妙地抓住公众关注的焦点，找准话题，在小米科技最巅峰的时刻，通过借雷军的势，对攻小米、放豪言对赌等方式迅速占领头条，把个人的影响力迅速提升到了一定的高度。

财经作家吴晓波先生在《网红董明珠》一文中写道：“比省钱更重要的是，董小姐很可能创造出了一个新的品牌传播模式：即便是最冰冷、最格式化的家电品牌，也可以进行人格化的背书。而且，制造者本身应该成为口碑传播的主角。

“在这样的潮流中，传统商业意义上的品牌被瓦解了，它被赋予了人格化的特征，从而颠覆了以往传播的逻辑。人格认同感，部分地替代产品功能，成为了新的用户粘连和购买理由，这在产品过剩和注意力缺失的时代，无疑具有试验性的意义。”

个人IP化有什么好处？许多成功的公司发现，创始人本身比任何产品的特点都更具有吸引力，同时能够促进产品的销售，这个现象在众媒时代尤甚。

靠创始人 IP 化的品牌，在产品营销和传播方面，走了一条捷径出来，也是打造爆品的另一种方法。

占据用户的内心

IP 的本质是粉丝经济的一种延伸。

品牌的意义是让消费者为功能体验埋单，超级 IP 是让粉丝为精神体验埋单。[2]

所以，个人 IP 的效用大小常用粉丝是否会真正掏钱购买产品来衡量，然而让粉丝为精神体验埋单并不是那么容易，关键在于是否真正地占据用户的内心。

魅族创始人黄章是国内企业中少有的拥有一批忠实粉丝的企业家，在现实场景中，黄章低调另类，但在魅族的论坛上，黄章是最活跃的用户，他从 2003 年以来一共发布了 6000 多个帖子，他常常为技术问题和粉丝们讨论，粉丝们的问题，黄章一般都会亲自解答。魅族的粉丝，皆是对黄章的笃信者，在国内大批粉丝追捧苹果产品时，魅族依然保持粉丝的忠诚度，这是很少见的。

网络上红极一时的聚美优品 CEO 陈欧为自己代言，2011 年，“80 后”陈欧拍摄了一组广告——“我为自己代言”，视频一播出，引起网友强大

[2]　吴声著：《超级IP：互联网新物种方法论》，中信出版社，2016年7月版。

的共鸣，这是近年来最火的企业家为自己品牌代言的广告。在聚美优品的发展道路中，追随陈欧精神和品质的粉丝，起到了关键作用，

格力董事长董明珠在2013年与小米董事长雷军进行10亿元赌局之后，开始频繁亮相，格力花重金在《人民日报》《南方都市报》《北京晨报》等纸媒上发广告，称道“我是董明珠，制造业是国家强盛的基础，我愿意为中国造奋斗，让世界爱上中国造。”中国制造四个字，让用户内心重燃对国产品牌的希望。

京东创始人刘强东同样曾为京东代言，包括与董明珠的“同框”广告，还有在2016年京东12周年时，京东推出了一系列比较有品质的广告宣传文案，其中包括谢霆锋、李娜、刘强东出演的《初心未变》。

传播学者吴声对于IP连接的核心这样看待，他认为：“IP一方面指向的是内容，但又不是传统理解的泛娱乐IP，更多是移动互联时代的人格化生存法则。这个意义上，基于人格魅力产生的产品解读，要比产品本身更重要。”

他曾表示：“IP连接的第一要义是能不能形成人格化表达和人格化内容。”这是超级IP无限拓展和产业表达的基础。

而人格化是潜入粉丝内心的必备要素。

引发价值共鸣

当乔布斯穿着黑色 T 恤、深蓝色牛仔裤登场的时候，你想到了什么？

当董明珠炮轰科技公司，在聚光灯下摇旗呐喊时，你又被输入了什么样的思想？

在每一次罗辑思维的节目中，那个讲话有条理、深奥又容易让人接受的罗振宇又给你带来了什么样的理念？

越来越多的企业创始人喜欢暴露在聚光灯下，与用户面对面，他们试图打造一种语境——来吧，我就是你们的代表。

结果显而易见。

乔布斯被人们视为极致企业家的代表，苹果产品被认为是科技创新的力量。

董明珠成了传统制造业的发声器，当几乎所有的传统制造业企业家还未适应个人 IP 化的转换，仍习惯于独居一隅时，这样一位在传统老牌制造业企业诞生的女企业家形象，在用户心中意味着传统优势，你感受到的是中国制造的力量。

罗振宇从第一期罗辑思维的节目开始，灌输给用户的是，原来还有这么一种传递新知的社群，给你提供一种聚合的空间。

这些都叫做价值输出。

企业创始人通过个人IP化，主打信仰牌、情感牌，向用户传递出一种价值理念，形成强大的价值共鸣。

由价值共鸣带动用户对产品形成从产品到服务、梦想、理念的一种转变。就像乔布斯对苹果产品的巨大作用。罗振宇的个人IP也直接带动了罗辑思维在图书商城这个品类迎来过亿元的营收。

个人IP的背后是价值理念的存在，这是商业人物、舆论领袖等群体与网红之间存在的最大差别。

制造爆品

实际上，IP的本质就是一种普世意义上的价值认同感和文化共鸣。

就像漫威的一系列电影，其中“美国队长”是一个大IP，但它可不是简单的一部畅销电影。

漫威的很多故事都发生在20世纪40年代，故事本身有着时代、环境、历史背景，每一个漫威人物表达出来的都是文化、价值观，这些都是永恒的东西，他的制作人曾经强调：“一个轻喜剧为什么要花费巨大力气去设定背后的整个世界观、宇宙观。因为里面的哲学和价值观才是能永远活下去的，而不会因为时代变化和大家兴趣爱好的变化、呈现形式的变化就死掉。”

因此，当2011年，美国队长再次回到银幕时，粉丝如潮，周边产品热销，体现了一个 IP 的巨大商业价值。

同样道理，个人 IP 能够引起畅销，并不在于他们频繁的曝光，而在于个人向用户输出的一种价值观。

价值观带来的不是现象级产品的短暂火爆，更不是浅层面的一时流行，而是真正的爆品。

从创始人，到用户，再到品牌，最后到产品，个人 IP 化完成了一个营销闭环，由此，你会发现，在追求爆品的道路上，不管是罗辑思维强大的 IP 效应，还是马云、雷军利用自身影响力打造爆品，越来越多的企业家在个格化、标签化，塑造属于自己的 IP。

后记

POSTSCRIPT

成功会掩盖所有的错误。至今，我对此深信不疑。

2015 年，小米在国内一共卖出了 6490 万～6860 万部手机，市场份额达 15%～16.5%，而第二名的华为销量 6220 万～6300 万部，占市场份额的 14.2%～15.1%。这是小米手机的巅峰时刻。

同样是这一年，服装品牌 Supreme 再次登上年度十大热品牌，年初春夏系列发布后，通过短片系列向滑板文化致敬，不忘初心，推出了充满 20 世纪 70 年代 Punk（朋克）精神拼接手法的服饰，唤醒消费者的心灵共鸣。

另一件登上 2015 年年度大事件的是自拍杆的火爆。两会时，记者使用自拍杆方便拍摄，这一现象随后被网络热化，自拍杆就这样迅速火爆全国，当年，一家淘宝店甚至创造过一天销售三四万根自拍杆的纪录。

火爆，异于寻常的火爆！

互联网加速了成功的速度，也掩盖了许多企业发展的必经之路，在 2015 年下半年，越来越多的新的创业公司、转型中的企业在寻找一种制胜方法——制造爆品。

然而，过度追求爆品，导致很多初创企业迷失了自己，忽略了爆品背后的事情。

就如同，你只知道小米手机曾经创造的辉煌，但你不清楚小米在供应链上所做的布局，更不知道当第一代红米即将问世时，雷军下令将第一批40万台红米全部砸掉，保证日后产品一出来就能够引爆市场。

因此，我们开始思考，意味着绝对利润的爆品应不应该追寻？又该如何追寻？《爆品思维》正是这样一部作品，我们从重塑你对爆品的认知开始，反复强调爆品思维不是一种打造产品的思路，而是应该构建一个体系，是一套思维方式。我们没办法教会你在你所处的行业中独领风骚，也对你如何做研发、做市场、做营销束手无策，但我们希望你领悟到这种思维方式，我们传递的是一种理念，并非单纯地介绍火爆的产品。

从这个目的出发，本书找寻了国内外历史上大量的经得住推敲的爆品，在我们选取的案例中，有IBM、沃尔玛、杜邦这样的百年企业，也有小米科技、江小白等互联网催生的新公司，既有耳熟能详的ZARA、乐高、李维斯、吉列，也有Niantic、肥鸭餐厅、都乐这种百姓用而不知的品牌，通过这些案例，我们试图说明真正的爆品思维到底是什么。

直到本书结束后，我们更清楚地认识到，企业做爆品，远远不是打造出一款产品那么简单，相信这一点你已认识清楚，没错，爆品思维的核心是一整套的体系，这个体系从产品品质、用户服务，到赋予产品的精神内核，最后到企业创始人用 IP 化的方式去俘获用户。

但愿通过本书，你不会被爆品现象蒙蔽双眼，忽略了可能犯的错误。

最后，感谢我的家人，在我创作本部作品时，一直默默地理解和支持我，感谢我的宝贝，每当我想安心坐下来的时候，他似乎更懂事，给了我精神上的鼓舞。

感谢考拉看看的特约顾问张小军老师，他多年的创业经验给了我很多启发，他不断地用切身感受向我表达关于爆品的一些误区，让我更清晰地认识到，这个课题有着极大的实践意义。并且，他是这部作品的第一读者，每完成一章，他总是第一个阅读，每次当我遇到困惑时，他总能为我解答。

感谢考拉看看团队的所有成员，感谢我们的签约财经作者熊玥伽，在我整个创作过程中，她也在完成她的新作《极致引流》，我们不断地交流、沟通所研究的商业案例，让我们各自的作品更加立体、丰满。

感谢考拉看看重庆团队的李开云，他的执着、辛勤感动着我，让我始终有一个学习的榜样。

感谢优秀的产品经理人李立，在最后我的创作遇到较大的障碍时，她为我解难，保证作品的顺利进行。感谢考拉看看的李亦花、汪智昊、张俊秋、王智会，团队的凝聚力让我更有动力去完成这样一部作品。

感谢蓝狮子财经的陶英琪女士、陈一宁先生，你们是我信任的合作伙伴，你们专业的出版经验，对财经作品独特的视角，让本部作品有了灵魂。

感谢我毕业后的第一家工作单位——北京千喜鹤传播有限公司，感谢策划总监项竹薇女士给了我第一个参与爆品制作的机会，让我有幸参与了《鬼吹灯》小说的部分工作，让我第一次对爆品有了切身的体会。

感谢读者，谢谢你们抽出最宝贵的时间阅读这本书，也希望你们对这本书提出意见和建议，联系我请发邮件至 mayue_1209@163.com。

马　玥

2016 年 8 月 1 日

于成都考拉看看图书馆

| 声明 |

本书在写作过程中使用了部分的文字和图片资料，在此向这些图文资料的版权所有人表示诚挚的谢意。

由于本书所用部分图文涉及范围广，并且年代久远，部分图文的版权所有者无法一一取得联系，请相关版权所有者看到后，与考拉看看创意中心联系，以便敬付稿酬。

来信请邮寄到：成都市莲桂西路 46 号侧巷内 20 米小院内 考拉看看图书馆

邮编：610016

电话：400-021-3677

图书在版编目（CIP）数据

爆品思维：建立持续打造畅销品的超级体系 / 马玥著. -- 北京：中国友谊出版公司, 2017.3
ISBN 978-7-5057-3952-9

Ⅰ.①爆… Ⅱ.①马… Ⅲ.①网络营销 Ⅳ.①F713.365.2

中国版本图书馆CIP数据核字(2016)第320571号

书名 爆品思维：建立持续打造畅销品的超级体系
作者 马 玥 著
出版 中国友谊出版公司
策划 杭州蓝狮子文化创意股份有限公司
发行 杭州飞阅图书有限公司
经销 新华书店
制版 杭州真凯文化艺术有限公司
印刷 杭州钱江彩色印务有限公司
规格 710×1000毫米 16开
13.75印张 170千字
版次 2017年3月第1版
印次 2017年3月第1次印刷
书号 ISBN 978-7-5057-3952-9
定价 39.00元
地址 北京市朝阳区西坝河南里17号楼
邮编 100028
电话 （010）64668676